講談社文庫

C.W.ニコルの黒姫通信

C.W. ニコル

D1705226

講談社

これから、読者のみなさんにここ黒姫から便りを送ることになるが、気のはらない、公開の日記とでも思っていただきたい。その時々に感じたままを綴っていくつもりだ。ときにはぶしつけなことをいって不愉快な思いをさせることもあるかもしれないが、どうかご勘弁願いたい。すべては、この身を流れる熱いケルトの血がなせる業なのだから。しかし、私はこの国を、そして、この国の自然と人とを心から愛している。そのことだけは忘れないでほしい。

愛をこめて

黒姫の赤鬼　C・W・ニコル

目次

C・W・ニコルの黒姫通信

マイ・スイート・ホーム黒姫

一九九〇年十二月十三日。ようやくわが家に着いた。かなり遅くなったが、さすがにほっとする。

前夜から降りはじめた雪が、あたり一面を銀世界に変えている。こうして、白一色の大地を目のあたりにすると、ああ、わが家へ戻って来たのだという安堵感が腹の底から湧いてくる感じだ。駅には助手の哲也君が迎えに来ていたが、私とマネージャーの森田女史とは、家へ向かう車のなか、全身を包む冷気に体を固くしていた。今年も雪の便りは遅かったが、十二年前の冬などは、一月の初めまでちらとも雪が降らなかった。これからが、いよいよ冬本番だ。

家の中は暖かかった。薪《まき》ストーブの穏やかな温もりが冷えきった体を温めてくれる。キッチンに据えた英国製の薪ストーブはじつに重宝な代物で、その上で料理をしたり、大型のオーヴンとして活躍しつづけることはもちろん、家中のどこにでも温かいお湯を供給してくれる。わが家のセントラルヒーティングにひと役買っていることはいうまでもなく、トイレのなかまでほっかほかだ。

家のことをお願いしている山田さんが、軽い夜食を用意しておいてくれた。私たちが上野からの列車で夕食をすませてくるかどうか、はっきりしなかったからだ。留守のあいだに、郵便物が山のようにたまっている。まあ、どのみち二週間もほったらかしにされていたのだ、あと二、三日のびたところでどうということもあるまい。

ごく親しい友人のひとり、中原英治からの伝言が残されていた。

「電話をくれ」

私はグラスに白ワインをつぎ、受話器をとった。用件はひと言ですんだ。

「飲みに来いよ」

暖炉を囲んで友と語り合う

英治と出会ったのは、いまから九年前。彼が、奥さんとまだ小さかった娘さんとを連れて、関西からここ黒姫に移り住み、「ペンション竜の子」を開いたときからのつき合いになる。以来、われわれふたりは世界中を飛び歩き、何百ではきかないほどの酒びんを空にしてきた。

そうして、お互い、口は悪いが根はいいヤツだということがわかるにつれ、この男こそ夢と理想を語り合える無二の親友、と悟った次第だ。この一年、私は週一回のテレビのレギュラーをこなしてきたが、その大部分はここ黒姫での収録となった。そのたびに、コーディネイターを務めてくれたのも、ほかならぬ英治なのである。

遅くまでつき合ってくれたスタッフを家に残し、私は暗い夜道をぶらぶらと歩いていった。草地を抜け、しんと静まりかえった墓地を横目に英治の家をめざす。雪はまだそれほど積もってはおらず、半分くらいは砂利道のままだ。月は出ていないが、空には何千という星が瞬き、張りつめた夜気が肌を刺す。

私がいまの場所に家を建てたのが八年前。そこから四百メートルたらずの目と鼻の先に、つい最近、英治も大きな家を新築した。

家には、彼と建築家の武田さんの、ふたりしかいなかった。学校へはペンションからのほうが近いので、奥さんと娘さんはそちらで寝起きしているのだ。暖炉ではパチパチと、薪が暖かそうな音を立てている。部屋にはそこはかとなくクラシックが流れ、広い家の隅々にまで心地よい空気を満たしている。

結局、その夜は午前二時を回るまで、酒を片手におしゃべりを楽しんだ。私はボウモアウイスキーを、英治はコニャックをちびちびやりながら、武田さんはときどき思いついたように立ち上がっては、あれこれ点検して回っている。とうとう英治もこの地に根を下ろしたのだ。黒姫に惚れ込んだという点では、この私といい勝負だろう。

ペンションの経営は、都会で暮らす人たちにとっては夢とも憧れとも見えるに違いない。しかし、実際にはこれほどたいへんな仕事もないのだ。朝早くから夜遅くまで一日中働きづめで、自分の時間などほとんどない。だが、その甲斐あって、英治も自分の城を築くことができた。これからはお隣さん同士、お客のいないときには気軽に行き来できるというものだ。今夜も、彼がわが家のサウナへ入りに来ることになっている。まったく、わが家と「竜の子」とを往復するのにどれだけタクシー代を使ったことか。軽くひと財産はつぎ込んでいるはずだ。

彼の家の中でも、私はとくにホームバーが気に入っている（いや、実際、せっかくの酒もまずくなるようなバーがあるからね！）。大理石のカウンターには詩が刻まれている。私がこのためだけに作った詩だ。原稿料はこいつでチャラにしろ、と英治はシングルモルトウイスキーを一本出してきた。

こうして暖炉の前に座っていると、時がたつのも忘れてしまう。木を燃やす炎には、ほかにはないやさしさがあるのだ。炎の揺らめきをながめていると、思わず陶然としてくる。奥の深い話を、肩のこらない友と交わすうち、BGMはいつしか子守歌となり、意識は夢とうつつのあいだを行きつ戻りつすることになる。気がつくと、ウイスキーはすでに半分になっていた。

なに、かまうものか、今宵は心のままに杯を重ねよう。

私の「楽園」構想

私はこの十日ばかり家を離れているあいだに、講演を七つ、テレビ出演を二つばかりこなし、合間をぬってたくさんのインタビューも受けてきた。今回の目玉は、医学博士で登山家でもある今井通子さんや、社会党委員長の土井たか子さんといった、そうそうたる方々との対談が実現したことだ。対談は終始日本語で通したが、いくら最近では愛着を感じるようになったとはいえ、母国語のようなわけにはいかない。それを人前で話すとなれば、いかに私といえども緊張するなというほうが無理な話だ。まして、今井さんや土井さんのような大好きな方を前にして、私はすっかり舞い上がってしまった。

この一年続けてきたテレビのグルメ対談は、私自身が企画したものだった。「おいしい博物誌」と銘打ち、毎回ゲストを黒姫のわが家に招いては、自然の素材をひとつ選んでもてなす、という趣向だ。イワナ、キジ、タラの芽、自生しているキノコなど、材料には事欠かない。それを焚き火で調理し、空の下で豪快に食べる。おかげさまで視聴率は上昇を続け、視聴者の方からは、番組を続けてほしいとのお手紙やらはがきを何千通もいただいた。しかし、私は疲れていた。どうしても、北極の自然の大きな懐に抱かれて、二、三ヵ月自分を見つめ直す時間が必要だったのだ。後ろ髪を引かれる思いで私は番組をやめた。いや、悲しいといいながらも、結局私は我を通したのかもしれない。

しかし、一年を通じて、私がこの静かな黒姫に騒々しいマスコミを引き込んでしまったことは否めない。この番組の収録には、毎回かなりの時間を要した。というのも、私としては番組のためだけの対談にはしたくなかったからだ。日本で、ときにはカナダやロンドンでもお客様を迎えたが、その場で話だけして、はい、おしまい、というのではなく、心から相手をもてなし、彼らとのひとときを楽しみたいと願っていた。

実際、わが家を訪れた人たちはみな、一度といわず二度三度と食事をともにしたし、自慢のサウナにも入ってもらった。歌を歌い、陽気に騒ぎ、そのたびに新しい友人がふえていった。それこそ私の望むところだったが、それにはどうしても時間がかかる。英治がいてくれなかったら、とても実現はできなかっただろう。

彼のペンションの噂はまったくの口コミだけで、外国人のあいだに広まっていった。外資系の銀行家やビジネスマン、はては外交官に至るまで入れかわり立ちかわりやって来る。いまでは、なんとお客の八割が外国人というモテモテぶりだ。とくに意図したことではないが、英治のペンションには、外国人がほっとくつろげる雰囲気があるのだろう。すでに予約はずっと先まで埋まっている。

私自身はといえば、この五、六年というもの、年平均千人を超すゲストを黒姫に迎えた。テレビの対談で訪れた人たちを除いてこの数である。もちろん、地元の友人知人は含まれてはいない。これだけの客人をもてなすには、この家もいささか手狭である。有名人と呼ばれる人種には、好んで高級なレストランやバーへ出入りする人も多いようだが、私ときたら、なんでもかんでもわが家で楽しもうというのだから。

私が黒姫に居を定めた理由については、この地の豊かな自然を抜きにしては語れない。

しかしながら、この十年あまり、その自然のためにおおいに悲しみ、かつ怒ってきたのもまた事実なのだ。リゾート法に力を得て、行政は〝開発〟の名のもとに無神経きわまる自然破壊をやって涼しい顔をしている。金と欲のために、長い時間がはぐくんできた美しい森をなんの躊躇《ちゅうちょ》もなく伐り倒し、きれいな小川を灰色のコンクリートで埋め立ててしまう。これほど短期間に自然の景観が破壊され、資源が汚染されていくのを見るのは、エチオピアで国立公園の公園長を務めたとき以来だ。いったい、どこまでやれば気がすむのか。

十年間、私はおりにふれてそのことを語りつづけた。活字はもちろん、テレビにも出演し、声を大にして語ってきた。環境庁長官の私的研究機関である「環境と文化に関する懇談会」の一員として、日本を動かしているお偉方にも強く意見を述べてきたつもりだ。

だが、いまのところ、その努力もほとんど実を結んではいない。

そこで、四年前、私は決心した。こうなったら、自分でやるしかない、と。私個人の力でできることといえば、私財を投じて森を買いとり、この手で木を守ってやることぐらいだ。あと何年生きられるかわからないが、この仕事を今後のライフワークとして、あとに続く者たちにわずかでも美しい自然を残してやりたい。現にいまもその作業を進めているところだ。

　ここでもまた、私は松木さんというまたとない味方を得た。彼は私より二つ年上だが、五十年あまりの人生をずっとこの地で暮らし、その大半を木とともに過ごしてきたという林業のプロで、炭焼きのベテランでもある。

　来年あたり、私はその森のなかにいまよりも大きな家を建てようと思っている。だが、その家はいままでとはひと味違う、無公害の家にするつもりだ。景観を損なわず、森のなかに溶け込めるようなものにしたい。努力の甲斐あってヤマブドウが豊かに実るようになってからは、クマがちょくちょく遊びに来ているが、こっちの家に移っても、もちろん大歓迎だ。いつでも来てくれ、ここはささやかながら自然の楽園なのだから。

　英治にもひとつ温めている計画がある。私の森の隣に、伝統を踏まえた純和風の旅館を造ろうというのだ。ごく小さな、その代わり隅々まで神経の行き届いたものにしたいという。そうなれば、われわれはもはや単なる協力関係というより、むしろ共生関係に近いものとなるだろう。彼の所に来るお客さんには、うちの森を好きなように散歩してもらってかまわない。山菜やキノコをとるのもご自由に、というぐあいだ。

　私の森では、間伐材で炭を焼き、ニワトリの放し飼いをしている。狭い金網に閉じ込められたニワトリと違って、自由に庭を動き回っているニワトリが産む卵は、味もこくも格別なのだ。琥珀《こはく》色のハチミツをとるために、養蜂も始めた。今後さらにさまざまな種類の野菜や香草を育てていく計画だ。それも、日本とヨーロッパに伝わる伝統的なやり方でね。そしていつか、シカの放牧もぜひやってみたいものだ。

まったく、明治政府があのいまいましい専売法なんぞを作らなければ、いますぐにでも英国式のビールの製造にかかるところなのだが。黒姫の水はビール造りにはもってこいだ。さぞかしうまいヤツができるだろうに。英国の地方で造られている辛口のビールときたら、どこかの会社が出している泡ばっかりの代物とは、比べものにならないうまさなのだ。英国では、愛すべき鉄の女マギー・サッチャー女史が大ナタを振るってビール製造の独占をやめさせ、地方の小規模な製造所を支援したものだ。ところが、この日本では、ビール・マフィアとお上とは、ずっと深い結びつきがあるらしい。

もっとも、ご存じのように私はウェールズの生まれだ。少数民族として生まれた者は、なにか不公平だとか間違っていると思うことに出会ったら、声を大にして訴えなければならない。そうでもしないことには、大勢《たいせい》にのまれていつでも割りを食うことになるからね。だから、この私も思ったことは歯に衣《きぬ》着せず口にする習慣が身についているのだ。いいすぎがあれば許していただきたいが、あんなことをされては黙っていられない。

森を丸裸にし、川を殺し、ゴルフ場やらスキー場やらを造っては水源を汚染する。そのくせ、私には、ささやかにビールを造ることも許可しないとは、いったいどういうことなのだろうか。衛生上の問題はなにもないし、きちんと税金だって納めようといっているのに。

こうなったら、高みの見物といこうじゃないか。泡だらけのビールを飲みつづけたあげく、げっぷのしすぎで鼓膜が破れたってこっちの知ったこっちゃない。

まあ、それはそれとして……。

この暮らしをわかち合えたら

すでに、木々の葉は落ち、振り返れば天高くトビが輪を描いている。黒姫山もいくつか白い筋が残るだけで、茶色い山肌が見えている。このあたりの雪はこのところの好天でもうほとんど溶けてしまい、いま私が座っている書斎の大きな窓からも、木々のあいだに鮮やかな緑の草地を見ることができる。その向こうに見えるのは、飯綱《いいづな》山だ。

まもなく一年が終わろうとしている。今年もじつにいろいろなことがあった。

私にとって十三回目の北極遠征を行い、カナダのバフィン島で三ヵ月を過ごした。オーストラリアへも行き、現地のアボリジニーの姿や浜に集うミドリガメのようすを撮影してきた。ニュージーランドではシカの調査を行い、韓国でキムチに舌鼓を打ち、海に浮かぶ宝石のごときパラオ諸島でのひとときも楽しんだ。その間、四本の長編小説を書き上げて、出版社の担当者に渡した。いずれも、まったく傾向の違う作品だ。なかのひとつなど、なんと十年がかりで、何度も手を加えたすえに完成を見たものなのである。

新しい友だちもたくさんできたし、昔なじみともおおいに旧交を温めた。そして、かけがえのない友の死に一度ならず接しては、深い悲しみに沈んだこともある。あらためて振り返ると、じつに波乱万丈の一年ではないか。だが、それもこれも、多くの人々の支えがあってはじめて、なしえたことなのである。

おそらく、黒姫のわが家でこうして机に向かうのも、今年はもう最後となるだろう。妻のマリコと娘のアリシア、それにベビーシッターと私の総勢四人は、まもなく英国へ旅立つ予定だ。そこで二、三日を過ごした後、スペイン北部のガリシア地方へと回り、むこうの友人たちとともにクリスマスと新年とを祝うことにしている。ガリシアは、第二のわが家なのだ。このところ忙しくて、最後に訪れてから早くも二年半が過ぎてしまったが、友人たちはきっと温かく迎えてくれることだろう。こちらへは、来年の一月初め、国連の、イラクに対するクウェートからの全面撤退勧告の期限までには戻って来たいと考えている。その日以降、飛行機を利用する際には、慎重のうえにも慎重を期したほうがよさそうだ。まったく、先行きの危ぶまれる問題だ。きっと、みなさん方も不安をかみしめておられることだろう。

だが、もしこの地球を戦火から守ることができれば、来年もまた実り多き一年になるはずだ。英国のテムズ川を舞台にした、すばらしいドキュメンタリーを製作する予定だし、そのほかにも、野生動物と人とをテーマに何本か番組を作りたいと考えているところだ。個人的にはふたたび北極の地を訪れ、その合間をぬって、この森での作業も進めたいし、つぎに予定している長編歴史小説のための下調べもしたいと思っている。

この黒姫に住んで今年でまる十年。来年からまた、新たな日々が始まるのだ。その暮しを読者のみなさんともわかち合えたら、と思う。

一九八〇年、この地で過ごした最初の冬を思い出す。大きくて古ぼけた、藁《わら》ぶき屋根の農家を借りて住んだのが振り出しだった。なにしろ軒下まで雪に埋もれてしまうため、昼も夜もない暗さだ。一日中、電灯をつけていなければならなかった日があったなんて、いまではなんだか信じられない気分だ。

この十年というもの、積雪は年々確実に減っている。そして、森や野生の動物たちも。そう思うだけで胸が張り裂けそうだ。

とはいえ、いまでもノイチゴの季節になれば、先ほど話したクマがやって来て、私の森に大きな足跡と山のようなフンというみやげを置いていってくれる。ここがすばらしい土地であることに変わりはないし、ここを離れようなどという気も、さらさらない。

一九九〇年十二月

希望を捨てないで！

まもなく年が明けようというころ、私は黒姫のわが家でこの十年を振り返っていた。思えば、一九八〇年の晩秋に長野県へ移り住んで以来、なんと多くの変化があったことだろう。

当時はまだ結婚したばかりで、収入もそう多くはなかった。私たち夫婦は「ロクガツ」という名の村にある、大きな古い藁ぶき屋根の家を、月二万円の家賃で借りて住むことにした。友人から「ロクガツに空いている家があるよ」と聞かされて、私はそれが村の名前とも知らずに「六月だって？　そんなには待てないよ」といったのを覚えている。いまでは微笑ましい思い出だ。

それは堂々たる構えの家で、梁《はり》も柱もどっしりと太かった。いちばん広い部屋は二十四畳もあり、大きな台所もふくめて、ほかにもまだ七つも部屋があった。

その冬は記録的な大雪に見舞われ、ひと冬だけでなんと十二回も屋根の雪下ろしをしなければならなかった。それも、私ひとりの力では、どう頑張ってもまる二日はかかるという大仕事なのだ。おまけに、雪が軒下まで積もるため、年がら年中周りに溝を掘らなければならない。そうやっても、ほの白く冷たい光が窓の上の隙間からわずかに差し込む程度だった。玄関の前には踏み固めた雪で階段を造ったりもしたものだ。

しかし、雪がやんでいるときの山々の美しさといったら、たとえようもないものだった。戸隠《とがくし》、妙高《みょうこう》、斑尾《まだらお》といった山々の神々しいばかりの姿に接するたび、思わず畏敬の念にとらわれたほどだ。カンジキを履いて、地元のハンターたちとともにユキウサギを狩りに出かけたこともある。そして、春になれば今度はクマ狩りだ。塩分のとりすぎで血圧が上がるほど、野沢菜を食べたりと、じつに多くの新しい経験をさせてもらった。野尻《のじり》湖のワカサギ釣りも、そのひとつだ。もちろんカナダでも湖の氷を割って釣りをしたことはあったが、これほどうまい魚にはお目にかかったことがなかった。

あれから十年。

いまではこの地にわが家と呼べるものをもち、近くにはジム兼書斎になっている別棟、その地下には妻マリコのショップもある。森のなかにはお客用の離れまで建てた。アイリッシュ・セッターが二頭に、たくさんのニワトリ、友人の島田さんと一緒に始めた養蜂も、巣箱が六十を数えるに至った。そして、もちろん、最大の変化は娘の誕生だ。ひとり娘のアリシアも早いもので五歳となり、東京で幼稚園に通う毎日だ。

しかし、わが家に起こった変化ばかりで一喜一憂してはいられない。ほかにもまだ多くの、重大な変化が起きているのだから。あの藁ぶき屋根の家も、他の古い家々も、みんなとり壊され、ひなびた農村の風景はもうどこにもない。

私が心から愛する落葉樹の原生林もつぎつぎと伐り倒され、開発の名のもとに自然破壊は進む一方だ。ゴルフコースやスキー場を造るために、長い時間をかけて育った木々をなんのためらいもなく伐り捨てている。森ばかりではない。イワナやヤマメなどの宝庫であった美しい川もどんどん汚染されているのだ。

情熱が氷山を動かす

この十年、エッセイや手紙、あるいは講演やテレビ出演と、あらゆる機会を通じて、私はしつこいまでに自然保護を訴えてきた。おそらくはそのせいだろう、昨年一年間、唯一の外国人として、私は環境と文化をめぐる問題を考えようという懇談会の一員をおおせつかった。

はじめのうちは、正直、どうせ時間のむだだろう程度にしか考えていなかった。だが、会を重ねるにつれ、新たな希望と情熱とが湧き上がってくるのを感じた。北川石松氏という人材を新たな環境庁長官に得たからだ。氏には、長良川河口堰建設など、山積する環境問題に真正面からとり組もうという姿勢と決意のほどが感じられた。まったく、あの美しい長良川に堰を造ろうなどとは、暴挙にも等しい〝開発〟ではないか。そのうえ、北川長官は日本国内ばかりではなく、地球規模の環境問題にも目を向け、他の国々との交渉の場に意欲的に臨まれた。その誠意と忍耐力によって、アジアの国々と西欧諸国とをつなぐ指導的役割を果したのである。

だが、結果はどうだったか。いたずらに波風を立て、誇大妄想にとりつかれた建設省の役人たちをあわてさせただけなのだろうか。たしかに、じつに悲しむべき出来事にも接した。それは断じて北川長官の罪ではないが、企画調整局局長であった山内豊徳氏の自殺は二度とあってはならない悲劇であった。彼は熱心な仏教徒であり、誠実な男だった。それだけに、重荷を自分ひとりの肩に背負ってしまったのだろう。亡くなる前の二、三ヵ月はしだいに憔悴し、思いつめたようすも見られたが、仕事に対する真摯《しんし》な態度だけは最後まで変わることがなかった。いや、彼は一生懸命やりすぎたのかもしれない。

私は日本の永住権をもっているが、選挙の投票権はない。政治なるものにもさして興味はない。それでもひとつ残念でならないのは、政府がわずか一年のあいだに三回も、環境庁長官を交替させたことだ。

きちんとした環境保護政策がとられることのないまま、森や川がつぎつぎに死んでいく。その事実を、私は十年にわたって書き、かつ語りつづけてきた。腐敗した地方行政や、建設省、建設業界、大手のデベロッパーなどの癒着《ゆちゃく》の実態を糾弾し、見て見ぬふりを決め込んでいる連中がいることも訴えてきた。その間、私は日本全国の志を同じくする方々から、何千、何万というお手紙をいただいた。みな、事態を憂い、同じ目標に向かってそれぞれのやり方で闘いを続けている。

もしも、そのなかで、この手紙を読んでくれている人がいるなら、どうか私を信じてほしい。ごくわずかずつではあるが、氷山は確実に動きはじめている。あの林野庁にも、ささやかながら改革が起こった。林業に携わる、数多くの献身的な人たちの情熱が、ようやく実を結ぼうとしている。技術的な面でも、大気汚染や水質汚濁の規制にかけては日本は世界一だ。そして、なにより心強いのは、問題の重要性に気づいた若者がどんどんふえてきていることなのだ。どうかみなさん、あきらめないでがんばってほしい。

その国らしさにふれる旅を

さて、ここでひと息入れるとしよう。じつは、クリスマスと新年には、私はここ黒姫にはいなかった。まず英国で二、三日を過ごした後、スペインはガリシア地方のパニョン村へと飛んだ。ガリシア地方最大の都市ビゴからほど近いこの漁村に、私たちはアパートをもっているのだ。まる一年続いたテレビ番組のレギュラーや、昨年は北極遠征などが続き、じつに二年ぶりのスペインだった。大勢の友人と心ゆくまでワインをくみ交わす。スペイン語に翻訳された私の小説が酒の肴《さかな》だ。

ガリシアはポルトガルの北方、大西洋に面し、冬には薄墨色の空が広がり、冷たい海風や雨が吹きつける。だが、私たちを迎えてくれる人々の温かさに、寒さなどいっぺんに消し飛んでしまった。

そんな友人のなかでもとくに、カミーロ・ビリャ・マリンの一家ときたら、親切を絵に描いたような人たちなのだ。久しぶりのアパートへ着いてみると、そこはきれいに掃除され、部屋も暖めてある。冷蔵庫には食べ物がぎっしり。テーブルの上にはおいしいガリシア風パンの大きな塊と果物を盛った鉢、それに赤、白とりまぜてワインが六本。そのうえ、居間ではきれいに飾られたクリスマスツリーのライトが、私たちを歓迎するようにピカピカときらめいていたのである。

窓の外では波の砕ける音がしている。空を飛び交うカモメの鳴き声がそれに重なる。パニョン村の漁師たちは甲板もない小さな漁船でタコやボラ、タラを捕りに海へと出ていく。干潮時には、小さな青みがかった貝を拾いに、村人たちが集まってくる。そこだけ見れば、なにひとつ変わらない昔ながらの風景だ。

しかし、ここにも家がふえてきた。なかでも大きなアパート群が目につく。

私がこの海岸べりのアパートを手に入れたのは、いまから四年前のことだ。四階建ての、最上階の部屋を買った。そのおかげで、バルコニーにはいつも明るい陽ざしがあふれ、眼下に広がる漁港や長い砂浜を一望のもとに見渡せる。以来、ここではこのバルコニーが私の書斎となり、これまでに三つの小説の大半を書き上げた。居間はそう広いとはいえないが、六人、ちょっと詰めれば八人くらいは座れるし、ダイニングキッチンのほうも同じくらいの人数が入れる。ほかに寝室がふたつ、浴室がひとつ、予備の寝室にもなる小部屋がひとつ、おまけに収納スペースはたっぷり。家具は頑丈な木製で、床はタイル張り、階段の手すりは大理石ときている。立地、造りともに申し分のないアパートだ。そう、地下にはちゃんと車庫もある。これだけの家が、当時は日本円にしてわずか六百万円だった。

ところが、いまはどうだ。ここより狭く、造りも格段に落ちるアパートが二千四百万円、ひょっとするとそれ以上の値段で売られている。海からだいぶ奥に入った、見晴らしもまるでよくない所でそうなのだ。別の見方をすれば、私のアパートの資産価値もこの四年で四倍にハネ上がった勘定になる。まったく、あのとき買っておいてよかったよ！

私たちは二週間をガリシアで過ごし、最後の夜には美しいカテドラルで知られる街、サンティアゴ・デ・コンポステーラを訪れた。

古くからの友人であるスペイン人の司祭フラガ神父と、著名な彫刻家である池田宗弘のふたりが、この街を案内してくれたのは、いまから五年前のことだ。この街は、回教徒であるムーア人をスペインから駆逐したキリスト教徒たちの重要拠点のひとつであり、また、カテドラルは何世紀にもわたって、ヨーロッパ全土からやって来る数多くの巡礼者たちを受け入れてきた。池田とは一九六三年、私が初めて日本に来たとき以来のつき合いだが、彼にはこの街と、果てしない巡礼路についての著作がある。大変な労作であり、芸術家としての鋭い視線が感じられるすばらしい本だ。

ふたりの友人とともに歴史に縁《ゆかり》のある街を訪ねる旅は、じつに楽しかった。目と心を満たしたあとは、何百とひしめき合うバーやレストランをはしごしては、ワイン片手によりどりみどりの「タパ」（酒の肴）の試食にもおおいに精を出したものだ。

ガリシアはじつにケルト的な土地柄だ。私自身の体にもケルトの血が流れているせいか、ここの人たちとはじつにうまが合う。

さて、英国に話を戻そう。私たちはテムズ河畔に建つ「オークリー・コート」に二、三日滞在した。ヴィクトリア王朝時代の城を思わせる、四つ星のホテルだ。料理もサービスも最高で、ヒースロー空港からタクシーで二十分足らずと地の利もいい。そこで、このまことに居心地のいい部屋のお値段はというと、ロンドンのダウンタウンにあるつまらないホテルなどとは比べものにならないくらい安いのだ。

私たちの泊まった部屋からは、広々とした庭園とテムズ川がながめられ、その向こうには緑豊かな森が広がるという最高の見晴らしだった。英国王室の居城があることで知られる都市ウィンザーには、ほかにもいい店やパブ、レストランがたくさんあるが、そこからだって、タクシーかレンタカーを使えば十分そこそこでホテルに帰れる。

これは旅行の本ではない。それを承知でこんなことを書いているのは、日本人がダウンタウンにばかり集中し、貧しい食事とサービスに、貴重な時間と金とをむだ遣いしているからなのだ。ヒースロー空港からわざわざタクシーで倍以上の時間をかけてダウンタウンに行ったあげく、本当の英国らしさにふれることもなく帰るのでは、あまりにももったいない話ではないか。ヒースローやガトウィックの近くにも由緒あるすばらしいホテルはたくさんある。そういう所を利用すれば、何倍も楽しい時間を過ごすことができるはずだ。

今年はまた、昨年にも増して多くの日本人がヨーロッパへと出かけていくことだろう。中東の戦火が飛び火して世界規模の戦争になったり、イラクとその同盟国が航空機テロで暴れ回らなければ、の話だが。あれには、いままでもずいぶん怖い思いをさせられてきたものだ。

この手紙を書いているのは一月十四日。国連の定めた撤退勧告の期限を明日に控えて、みなさん方と同様、私もやきもきしながらテレビの前に釘づけになっている。この先、クウェートは、イラクは、そしてサウジアラビアはどうなるのか。

すべては運命共同体

黒姫ではようやく、まとまった雪が降ったらしい。だが、昔と比べれば話にならないという。じつは、私はまだわが家へは戻っていないのだ。その前に、広島と東京で、いくつか講演をしなければならない。

新年の抱負としては、ニュージーランド、スコットランド、そしてカナダの北極地方を旅したいと考えているところだ。たぶん、スペインにも行くことになると思う。たしかに、旅は心をわくわくさせてくれるし、得るものも多いが、旅に出れば出るほど、私はわが家が恋しくてたまらなくなる。いま新たに始まったこれからの十年も、黒姫に根を下ろし、この土地とともに生きるつもりだ。西暦二〇〇〇年を迎えたとき、この黒姫は、そして世界は、いったいどれほどの変化を遂げていることだろうか。願わくは、そのころまでにはもう少し賢くなっていたいものだ。われわれ人類にとって、地球と、そこに生きるすべての生物はいわば運命共同体なのだという認識をもち、ほんのわずかでも愛情を注ぐことができれば、と祈りはつきない。

最後に、もうひと言。英国滞在中、私はこの国の樹木について書かれた本を読んだ。それによると、現在、英国には約七百種もの樹木があるが、そのうち、英国原産のものはわずか三十五種にすぎないという。あとは全部、外国からもち込まれ、植樹されたものというわけだ。そのなかには、二千年以上も前、英国がローマ帝国の支配下にあったころ、ローマ人によってもたらされたクリの木もふくまれている。

私も、今年一年を勉強と旅行だけにとどまらず、植林の年にしよう、とあらためて心に誓った。黒姫の森に木をたくさん植えようと思う。

それでは、みなさん方にとって、この一年が健やかで実り多き年になりますように祈りつつ。
今年もよろしくお願いします！

一九九一年一月

赤鬼、おおいに吠える

今年の冬も、本格的な雪の便りは遅かった。だが、一月も中旬を過ぎるころから梅の花びらほどの雪が降りはじめ、家の周りも黒姫の森も、あっという間に一メートルを超す積雪に包まれてしまった。スキー場のゲレンデがある斜面には、それ以上の雪が積もっている。私はこの季節の雪が好きだ。輝くばかりに美しく、そしてひそやかな雪。サウナで汗をかき、湯気のもうもうと立ちのぼる体で素っ裸のまま、やわらかな新雪に飛び込むのだ。いま時分はもうひとつ、イヌといっそう親密になれる季節でもある。雪で洗われて毛も脚もきれいだし、この時期ばかりはフリーパスで家への出入りを許されるからだ。

わが家の雄イヌ、モーガスは今年の八月で十一歳になる。体のほうは相変わらず引き締まって、動きも素早いが、以前ほどいたずらや悪さはしなくなった。もっとも、こちらがちょっとでも隙を見せようものなら、さっさと家を飛び出して、獲物を追っかけていってしまうだろう。そこに、彼の伴侶であるメガンとの確執が生まれる。ここまでいえば、もうお察しの方も多いはずだ。モーガスが他の雌イヌの尻を追っかけるたび、メガンは嫉妬の炎に身を焦がすというわけである。

メガンは一九八四年の十二月イングランドに生まれた、六歳になる雌イヌだ。チャンピオン犬の子として生まれ、日本生まれのモーガスよりも体が大きい、じつに誇り高い犬である。

ここへ来たばかりのころは、自分より年上の雄イヌを〝英雄〟として祭り上げてしまい、どこへ行くにもモーガスのあとをついて回ったものだ。そのうちにはかわいい子イヌにも恵まれ、一家は幸せそうに見えた。ところが、である。世のご婦人方の例にもれず、このメガンもまた、妻の座におさまったあたりからずいぶんと強くなっていった。そしてある日のこと、モーガスがよその犬と出かけてしまうと、ついにメガンの堪忍袋の緒が切れてしまった。怒り心頭に発したと見えて、二頭はいまなお、冷戦の真っ最中である。

もともと、二頭は競って甘えるようなところがあった。一方だけをかまおうものなら、もうやきもちを焼いて手に負えない。最初からその傾向はあったのだが、いまではモーガスはメガンのほうをチラとも見ようとしない。メガンが部屋へ入ってくると、入れ違いに出ていってしまうか、さもなければ奥のほうへ引っ込んで、隅にうずくまってしまうという有様だ。同じ車に乗せることもできない。そんなことをしたら、メガンがモーガスにけんかをしかけるに決まっている。そこへきて最近では、メガンが酒の味を覚えてしまい、うっかり目を離せない状態だ。彼女のお気に入りはジン・トニックなのだが、ワインやウイスキーもいける口ときている。すがるような目を向け、赤い舌を突き出して、一杯飲ませてくれとせがむのだ。それでも味見をさせてやらないと、こちらが背を向けた隙に、私のグラスに長い舌を突っ込んで、ピチャピチャやる始末。そういう妻の姿を、モーガスが冷ややかな目でにらんでいる。

そのあげくがとっ組み合いのけんかだ、やれやれ！　日本のことわざにも「夫婦げんかはイヌも食わない」というではないか。まったく、この二週間、われわれがどんな思いで〝イヌの夫婦げんか〟を見守ってきたか、心中を察していただきたい。

モーガスときたら、頑固な中年男そのものだ。そのことを考えると、頭が痛い……。だって、世間ではよくいうじゃないか、イヌは飼い主に似るものだとね。メガンのほうも頑固さにかけては負けてはいない。まったく、箸にも棒にもかからないとはあいつらのことだ。ほんとうに……、その……どこのだれに似たんだか……。ともあれ、私たちはなんとか平和維持に努めているところだ。

三人の師

この四週間ばかり、わが家は特別のお客様を迎えている。鳥取大学名誉教授の遠山正瑛博士が滞在され、博士のライフワークである「ゴビ砂漠の緑化」について、ふたりでいろいろな話をした。博士によれば、千年がかりの大プロジェクトになるだろうとのこと。博士はすでに八十の声を聞かれたはずだが、そんじょそこらの二十歳の若者など、足下にも及ばぬ活力と情熱にあふれておられる。遠山博士のことはご存じの人も多いのではないだろうか。二年ほど前、テレビで博士についての番組を見て以来ずっと、ぜひともお目にかかりたい、と思ってきた。ほんとうに、公害をまき散らしたり、戦争を支援する暇があったら、こうしたプロジェクトこそを応援すべきなのにと思わずにいられない。湾岸戦争に費やされた金を振り向けることができたなら、世界中の砂漠が青々とした緑に輝くだろうに。遠山博士もそう断言しておられる。かくなるうえは、戦火が原油流出のごとく広がらないことを祈るばかりだ。

もうひとりのすばらしいお客様、それは〝どろ亀先生〟こと、高橋延清博士。東大名誉教授で、日本の林学における神様のごとき存在である。どろ亀先生は七十代だが、私の仕事の協力者である松木さんと私がとり組んでいるプロジェクトの成果をひと目見ようと、深い雪をかき分けて森のなかまで足を運んでくださった。森を育てようという私たちの努力を認め、励ましてくださる温かい言葉に、ふたりともおおいに感激したものだ。

「五、六十年も前のことになるが、ここらの木を根こそぎ伐り倒してしまったのが返す返すも悔やまれるね。ほんの二、三本でも古い巨木を残しておいてくれたら、あとからのびてくる木の助けにもなっただろうし、フクロウたちにも宿を提供してやれたのに」と、先生はいわれた。たしかに、それだけのことが森にとっては天と地ほどの差を生むのだ。なのに、人々は必要のないぶんまで無差別に伐り倒してしまった。そのために、私たちはいまこうして、一から若木を育てているというわけだ。

どろ亀先生の来訪は、私たちにとっておおいに励みになった。ワインやウイスキーを飲み、かつ食べ、おおいに笑うことができた。

おふたりの先生との出会いのあとは、三人めのすばらしき師、山野忠彦先生とお会いできる日を、いまかいまかと心待ちにしている。山野先生は、おそらく世界でも一、二を争う〝樹医さん〟だろう。その一生を木に捧げてこられた方で、木を救うためであれば世界中どこへでも飛んでいかれたという。先生は現在、九十代である。

日本に暮らす喜びの最たることに、お年寄りとの交わりがある。お年寄りとの親交が深まるにつれ、私自身の考え方やものの見方におおいに影響を受け、また得るところ大であった。日本のお年寄りは、じつにかけがえのない存在だと思う。もっともっと社会と関わり、自分のことしか見えない身勝手な若者たちに活を入れ、啓発してもらいたいものだと、願ってやまない。

遠山博士や高橋博士のような方々を自宅にお迎えすることは、このうえもない名誉と身の引き締まる思いだったが、その一方では、ともに笑い語らううちに、心が自然とうちとけていくのを感じた。自分と同年代の西欧人に接するより、なお近しい思いを抱いたものだ。

自然のなかで働き、自然を守りはぐくみたいという熱い思いが、年齢も文化も異なる私たちに、すべての垣根を越えさせたのだと思う。「声を大にして語りつづけろ、けっしてあきらめるな」と、おふたりは異口同音に私にいわれた。

そうだ、これからも声の限りに訴えていこう。いま、日本の山林でなにが行われているのかということを。絶え間ない自然破壊を許すことは、国民として人間としての恥であることを。自然を守りたいと願う民衆の声は、もう抑えられないところまできているというのに、政府はいつまで口先ばかりのきれいごとでお茶を濁すつもりなのか。

私はあきらめない！

斑尾山をながめれば、半分近くが白一色に埋まっている。それは、木が一本残らず伐り倒され、山が丸裸になってしまったからなのだ。それでもなお、大手のデベロッパーは、必要もないゲレンデをふやそうと考えているに違いない。スキー場建設に際しては、森林の六十パーセントは手をつけてはならないと、法に定められている。にもかかわらず、デベロッパーはこれを公然と無視し、それに対してなんら処罰もなされない。この国の実権を握っているのがだれか、このことだけ見てもわかるだろう。

長野県は、他のどの県よりもスキー場が多い。なのに、各企業団体は飽くことなく、処女林に爪を立てようとしている。ゴルフ場にしても同じことだ。現在、長野県には六十一ものゴルフコースがあり、さらに四ヵ所が建設中である。そのどれもにごうごうたる非難の声が上がっているというのに、まだ三十もの建設計画があると聞いてはあきれるばかりだ。彼らは木を伐り、山を削って、除草剤や殺虫剤をまき散らすだろう。そしてまた、水源を汚染し、あらゆる野生動物を死に追いやるという過ちをくり返すのだ。

この国に十年以上暮らしてみて、ようやくそのからくりがのみ込めた。長野県や千葉県を見るがいい。地元の役人、政治家、建設会社や開発会社との、信じがたい癒着の構図がそこにある。連中は、われわれのことを鼻で笑っているのだろう。アラブのことわざにもある。「イヌが吠えても、ラクダの隊列は進みつづける」と。われわれは、いたずらに吠えたてるイヌということらしい。

もちろん、お役人のぜんぶがぜんぶ、腐敗しているわけではない。なかには――いや、大部分はとても誠実な人たちなのだろう。しかし、〝無関心〟もまた、見逃すことのできない敵なのだ。

いまはこうして雪が降り積もっているけれども、スキーシーズンは年々短くなる一方だ。ゲレンデには、シーズンはじめに大量の硫酸アンモニウムが散布される。法の網の外にいるとおぼしき大手デベロッパーほど、そういうことをやりたがる。雪が溶けるのを防ぐためだが、以前は塩を使っていた。それが水源にどんな影響をもたらすか、想像できるだろうか。

そのうえ、デベロッパーたちは税金逃れのために、さらなる破壊活動に金をつぎ込む始末。このあたりでも、彼らは北側の斜面にゲレンデをさらにふやそうと計画しているようだ。クマたちに残された最後のすみかまで、奪おうというのだろうか。林野庁自体が、自分たちの給料を捻出するためと称して、ここ何年も処女林を伐り倒し、道路をわれわれの税金で造りつづけている現状では、業者が勢いづくのもうなずける話だが。

　熱帯地方の森林伐採について、国際世論は日本を非難しているが、そうではないという人もいるかもしれない。だが、自分たちの国の自然をすら、史上稀に見る規模とペースで破壊しつづけ、それを恥じるどころか、奨励するような政府に、いったいなにを期待できるというのか。

　世界にも類を見ない豊かな美しい自然が踏みにじられていくのを、ただながめているしかできないことに、私は深い悲しみと憤りを感じるのだ。これを外国人のたわごとと、聞き流さないでほしい。遠山先生や高橋先生のような方も、私に共鳴してくださった。私のもとには、何千通もの励ましの便りが寄せられている。主婦、サラリーマン、教師に学生、その立場を問わず、全国には私と思いを同じくする人たちが大勢いるのだ。

　だから、私はあきらめない。これからもおおいに吠えつづけるつもりだ。なにしろ、黒姫の赤鬼は、飼い犬に負けず劣らず、頑固な中年男なのだから。

　業界の友人たちは、建設費をわずか十パーセント上乗せすれば、汚染は防げるはずだ、と断言している。ゴルフ場建設も、その例外ではない。

　日本には、その気になれば国中の川をよみがえらせ、空気をきれいにする技術がある。森を育て、公園を造り、野生動物の楽園を築くことだってできるはずだ。それなのに、この国の指導者たちは誤った選択をくり返している。いや、正しい選択をしたくともできずにいるとすれば、事態はさらに深刻といえる。

幼い日の記憶

また雪がちらつきはじめた。いましがた、窓の下から近くに住む風間さんが声をかけてくれた。頭にはタヌキの毛の帽子をかぶり、ショットガンとカンジキを背負って、スノーモービルで山へ入っていく。一緒に行きたいところだが、いまは狩りの成功を祈るとしよう。正面に立つミズナラの木では、二メートルと離れていない目と鼻の先で、シジュウカラがさかんに木をつついている。先ほど顔をのぞかせた太陽の光に誘われて、木の割れ目からはい出て来た虫をついばんでいるのだ。私も餌《えさ》箱をかけているのだが、このあたりの鳥たちは野生の獲物をとって食べるほうが性に合っているらしい。やはり、近郊の鳥とは違うのだろう。

先日、友人の中原英治の家を訪ねた。わが家とは草地ひとつを隔てたお隣さんで、飯綱、戸隠、黒姫、妙高が一望のもとに見渡せる大きなピクチャーウインドウが自慢の、新築の家だ。おりしも、飯綱山の山の端に夕陽がかかったところだった。まもなく四時になろうというころ、二匹のキツネが草地をまっすぐにこちらへ向かって来た。その姿をいながらにしてながめられるとは。絶景かな、絶景かな!

あのキツネの一家とは、十年前、ここへ住むようになって以来の長いつき合いだ。巣がどこにあるかも知っている。彼らが住んでいる小さな雑木林に、だれも手を出さなければよいのだが。近所には、一夜にして百羽以上もニワトリを殺された家もあるのだが、モーガス夫妻のおかげで、キツネたちもわが家のニワトリにはちょっかいを出そうとはしない。

このぶんだと、かなりの大雪になりそうだ。そう思うと、頭が痛い。家のことをお願いしている山田さんが、雪かきで苦労することになるからだ。もっとも、雪国では、ほんとうに困ったときには隣近所の人たちが集まって、ちゃんと力を貸してくれるものだけれど。この原稿を書き終えたら、サウナに火をつけ、その後、荷づくりをしよう。明日にはまた、東京経由で北海道まで飛ばねばならない。札幌は大好きな都市のひとつだが、ここを離れるのがいやでたまらない。この地で行われている自然破壊に対しては、怒り苦しまずにはいられないが、私にとって黒姫は、美しい自然と温かな友の待つ、安らぎの場所なのだ。

だが、こうして黒姫のわが家にいても、いまの私は心から安らぐことができない。わが祖国英国と、青春時代を過ごした国カナダの人々の身を案じ、祈らずにはいられないのだ。戦争におびえ、傷つき、死んでいく者もいるに違いない。多国籍軍に、そして罪なきイラク市民に神のご加護のあらんことを。

テレビで、ミサイルに直撃され、瓦礫の山と化した建物のなかから、引きずり出される子供の姿を見たとき、私の脳裏に幼い日の記憶がまざまざとよみがえった。あの日、わが家からわずか一区画のところにV—1ロケット弾が落ちたのだ。窓ガラスが砕け散り、天井が崩れ落ちてきた。その攻撃で、私はガールフレンドをひとり失った。

一発のロケット弾は、軍事施設とは無関係の民家を、一区画そっくり吹き飛ばしてしまったのである。子供用のガスマスクにはミッキーマウスの耳がついていたが、それでも、幼い私にはガスマスクをつけるのがどれほど恐ろしかったことか。闇のなかを、庭に掘った防空壕へはい込んだこともあった。夜空をサーチライトが走り、上空からはドイツ軍爆撃機のブーンという不気味なうなりが聞こえていた。絶え間なく銃口が火を噴き、榴散弾が屋根瓦をたたく。雷鳴のごとく響き渡る爆音が、いまも耳の底に残っている。

人はなぜ、こんな愚かな過ちをくり返さねばならないのか。軍事的独裁者が暴走を始める前に、彼らを押しとどめることはできないのだろうか。この原稿が活字になるまでには戦争が終わっていてほしい。悲観的ではあるが、そう祈っている。

なにはともあれ、大雪の兆しに、たっぷり薪を用意しておいてよかったと思わずにはいられない。

それでは、また。

一九九一年二月

わが友、日本人へ……

日本というのは、なんとおもしろい国だろう。

ついこのあいだ、北海道の富良野《ふらの》で友人の倉本聰《くらもとそう》さんとコマーシャルの撮影をしていたときには、気温が氷点下三十度まで下がった朝もあったというのに、それからほんの数日後、沖縄ではシャツ一枚という軽装だった。人であふれ返っている日本の本土を離れ、西表島《いりおもてじま》からちょっと離れた南国の海で、私はひと足早い海水浴や釣りを楽しんだのだ。

住民わずか七人という美しい島にも足をのばした。そこ小浜島《こはまじま》では、もとは「ヤマハ」の社長の別荘だったというすばらしいロッジが、そのまま予約客のための宿となっている。いいかえれば、そこに泊まる客は、ホテルをまるごとそっくり借り上げなければならないということだ。快適に過ごすためには、十人前後が最高だろう。料理のすばらしさは、私が請け合う。夕陽のみごとさは神々しいほどで、なんとも美しく、神秘的な島だ。こんな場所で、気のおけない人たちとひとときを過ごすことができるとは、まさにこの世の幸せ。今回は、姻戚関係にある竹井忠夫氏をふくむ私の家族のほかに、魅力的なご婦人方をおふたり、同行していた。かたや作家の森瑶子さん、そしてもうひとりは、フランソワーズ・モレシャンさん。森さんとは二十八年来のつき合いだし、モレシャンさんとは十年前から親しくさせていただいている。ふたりとも、かけがえのない友人だ。

〝開発〟の意味

さて、西表島に滞在中、私はあらためて〝開発〟の意味を考えさせられた。かつてはこの島にも、二百を超す人たちが暮らし、学校もあった。そのころ、島唯一の村は整然として、なおかつ魅力的だった。通りの両側には美しい石壁が続き、村のそこここに常緑樹が配されて、みずみずしい彩りを添える。沖縄の県花ともなっているデイゴの大きな木やら、何本にも分かれた幹が生き物の足を思わせる神秘的なガジュマル、そして海辺には、モンパやヤシをはじめとする、数多くの熱帯植物が繁っていたものだ。今回も、海は透き通るような水をたたえ、漁場としての健在ぶりを示してくれた。なにしろ、五歳の娘が十九匹も釣り上げたほどだからね。種類はまちまちだが、どれも味は抜群で、みごとなシロダイも一匹混ざっていた。そのうえ、私たちの船のすぐそばに、一頭のミンククジラが現れるという、とんでもないおまけもついた。

だが、いざ村に戻ってみると、朽ち果てた家がやたらと目につく。祭りのおりなどには、島民が戻って来て泊まったりする家もいくつかあるようだが、その大半は主《あるじ》を失い、かつてはきちんと手入れのなされていた庭も石壁も、のび放題の雑草にのみ込まれてしまっている。なんという変わりようだろう。あれほど美しく整備された村、そして自然との調和がとれた村を見たことはなかったのに。

もしもいまここに、沖縄の伝統的な赤い琉球瓦の家並がよみがえったら、どんなにすばらしいことだろう。家はすべて伝統にのっとり、高さも二階どまり。だが、トイレをはじめ、内部の設備には近代的な技術をとり込むのだ。今日、環境汚染を規制する技術にかけては、日本の右に出る国はない。その技術を駆使すれば、村の下水も、田畑を耕す堆肥に利用したり、海を汚さぬように浄化することは可能なはずだ。電線や電話線なども人目につかぬように配すればいい。現在、島にある車は、ゴルフコースで使われるような、小さなオープンカーが二台だけ。今後もそうあってほしい。

マリーナを建設するのはいいが、その場合には、くれぐれも珊瑚礁や海を傷つけることのないように、細心の注意を払わねばならない。こうして、島に住む人がふえてくれば、島本来の自然をとり戻すことも、きっとできるはずだ。

ただし、あえてだれとはいわないが、欲にとりつかれたデベロッパーたちには、ひと言釘を刺しておく。環境のことなどまるで頭にない金の亡者どもは、またしても森をつぶし、木を伐り倒して、醜悪なビルやらゴルフコース、テニスコートなど、日本のどこへ行ってもお目にかかるくだらない代物を造ろうとするにきまっているからだ。

おわかりいただけると思うが、私はなにも〝開発〟に異を唱えているのではない。それが、自然が息を吹き返し、本来の美しさをとり戻すささやかな助けになるのであれば、そして、多くの人々に調和のとれた生活を約束するものであれば、むしろおおいに歓迎すべきものと考えている。

昨日、ここ長野でローカルテレビを見ていたところ、長野県が新たな計画を打ち出した、というニュースを報じていた。「センス・アップさわやか信州」とは、なんとも滑稽な名前ではないか。県をあげての大規模な開発計画で、自治体側の説明によれば、観光客を誘致するには、もっともっと県の自然と個性とを前面に押し出す必要がある、ということだった。しかし、自治体側がいう〝センス・アップ〟(これはどういう意味なのか。こんな言葉は英語にはない）とは、リゾート施設やコンベンションセンターをはじめ、得体の知れないものをつぎつぎと建てようとするにすぎない。つまり、またしても政治家と建設会社とのあいだを湯水のごとく金と酒が流れ、水源汚染、森林破壊が推し進められるというわけだ。かくしてまた美しき川や野生動物は、死に追いやられる。

日本中どこへ行っても、似たような巨大建造物があり、そのほとんどが人手不足で、運営の危機にさらされていると聞く。どれもこれも、十年後には廃墟と化していることだろう。自然の屍《しかばね》のただなかにある大理石の床、まばゆいシャンデリア――私はこれを〝見せかけ豪華〟と呼んでいる。普段はほとんど人気《ひとけ》もない、こうした建物がふえつづけているのだ。

世界中を旅し、日本に腰を落ち着けたいまもなお、多くの時を旅に費やす人間として、私が心から愛することのできるのは本物の個性であり、地方色である。その地方ならではの自然に出会いたいと願うのは、私ひとりではないはずだ。

囲炉裏ばたのぬくもり

いまをさかのぼる一九八〇年、黒姫を訪れた私は、この地に居を定めようと古い藁ぶき屋根の家を借りた。その家の所有者である老婦人によれば、築後三百年を経ているという。煤《すす》で黒光りした太い柱や梁《はり》。天井が高く、木と木を組み合わせたり、綱でしばってあるだけで、ネジや釘、腕金の類《たぐい》はいっさい使っていない、そんな農家をみなさんもご存じだろう。ほんの十年ほど前までは、そういう古い家がたくさんあったのだ。それがいまでは、私が借りていた家もふくめて、残っているものはないに等しい。どうして、こういう歴史的な建造物を残そうとしないのか。そのもち味を変えずに、内部だけ手を加えることもできないはずはないのに。そういう〝開発〟こそ、私は期待しているのだ。

二十八年前、私が日本の山を歩きはじめたころ、訪れる村々はどこも自分たちなりのやり方で、若き異邦人を温かく迎えてくれた。囲炉裏の火がパチパチとやさしい音を立て、自在かぎにつるされた鉄びんが湯気を立てて、あたりにひなびた香りを漂わせる。囲炉裏の上高くつるされた竹製の網棚には、イワナ、マス、ヤマメ、冬ゴイなどが並べられ、じっくりと時間をかけていぶされていた。そんななかで、ピリッと舌を焼くドブロクや地酒をくみ交わし、山菜やノウサギ、キジ、カモなど、自然がはぐくんだ野の味に舌鼓を打ったものだ。豆腐と一緒に煮たドジョウ、タヌキ汁、樽から出してきた氷づけの野沢菜、フキノトウの天ぷらと、数えればきりがない。見ず知らずの旅人である私が婚礼の宴に招かれたことも一度ならずあったし、獅子舞や、鬼の面をつけた男たちが踊り回る姿に見入ったこともある。

そうした旅をとおして、私は彼らのなかに、カナダ北極地方のイヌイット（エスキモーに対するカナダでの公式呼称。人間たち、の意）に通じるものを感じた。照れ屋の人が多いけれども、日本の山国の人々もまた誇り高く、他人を受け入れるやさしさをもち、自分たちをとり巻く自然とみごとな調和を保っているのだ、と。

たしかに、ひとたび囲炉裏を離れれば震え上がるような寒さだし、においふんぷんたるトイレにしても快適とはいいがたい。だが、心づくしの料理を肴に飲む酒のうまさ、ともに語らい、笑い合う胸躍るひとときにくらべれば、そんなものはなんでもない。年を追うごとに、こういう精神風土がますますかけがえのないものに思えてくるのだ。

それをすべて、時の彼方へと追いやらねばならないのだろうか。スキー場のスピーカーから吐き出される騒々しいばかりの音楽や、コンクリートのビルの群れ、そして団体客を運んでくるツアー、これがその代償だというのか。地方文化から遠ざかれば遠ざかるほど、その国は孤独で、他国の人たちを色眼鏡でしか見ることのできない人間の集団になっていく、私にはそんな気がしてならないのだが。

私は心から日本を愛している。日本人であることに誇りをもってほしい――年を重ねるにつれ、その思いは強まる一方だ。根っこの部分での日本らしさをもっとたいせつにしてほしい。そのうえで、西欧や他の国々から、ほんとうにいいと思うところだけをとり入れればいいのだ。

ある〝例外〟的日本人

ところで、つい先日、私は上野からのグリーン車の車中でひじょうに不愉快な経験をした。私が連れの女性と座っていると、すぐ後ろの座席に男性四人組が乗り込んできた。その女性は日本人で、十一歳になる娘さんをおもちの、じつにきちんとした魅力的な方である。これに対して四人組はといえば、ダークスーツに白いワイシャツ、ネクタイ姿と、一見してビジネスマンとわかるが、みな、ひどく酔っぱらっていた。そして、ほかの三人から〝社長〟と呼ばれている男性が割れんばかりの大声を張り上げ、とんでもない自慢話を始めたのである。その〝社長〟は、得々として台湾での性的武勇伝をぶったあげく、さらに大きな声で、バンクーバーで出会ったカナダ人売春婦のことを、まるで吐き捨てるようにあしざまに語った。彼が私の連れの女性を意識して話していることは明らかだ。彼の声は、車両中に響き渡っていたことだろう。私だって聖人君子とはいわないが、ああした類の振る舞いには我慢ならない。これがもし逆の立場で、日本の男性がカナダ人の女性と一緒に列車に乗っているとき、カナダ人の白人男性が侮蔑の念もあらわに、日本人売春婦のことを大声でがなりたてたとしたら、どんな気持ちがするだろうか。

私は席を立つと、車掌に後ろの席の男性が無礼きわまる態度をとった旨を告げ、席を替えてほしいと申し出た。もちろん、私が気短かで、(現在も)空手五段の腕前であることをつけ加えるのも忘れなかった。車掌はまず、件《くだん》の男たちに対して静かにしてほしいと申し入れたが、これは私の本意ではなかった。彼らが自分たちだけで楽しみ、盛り上がっていたならば、少々うるさかろうと一向にかまわない。猥歌のひとつも歌ったところで、これまたご愛嬌ですませられる。だが、彼らの振る舞いは、まったくもっていわれなき、悪意に満ちた攻撃だった。それも、この私にではなく、連れの女性に対して、である。私はただ、彼らのそばを離れられれば、それでよかったのだが。

車掌は私のほうを振り返ると、ほかに空いている席はない、といった。これでは、だれが苦情をいったのか一目瞭然ではないか。案の定、男たちは私の背に罵詈《ばり》雑言《ぞうこん》を浴びせかけてきた。またもや、私個人に対してではなく、捕鯨や森林保護などの問題について私がしようとしていることや、外国人全体に対する侮辱の言葉を並べ立て、あろうことか、日本人のくせに日本をこき下ろす。明らかに、私がだれであるかを承知のうえで、しかけているのだ。

今度は連れの女性が立ち上がり、私たちはつぎの駅で降りるから、と車掌に告げた。そのとたん、車掌は手のひらを返したように、別の席を用意してくれたが、そうなるとおさまらないのは例の男たちだ。〝社長〟と部下のひとりが車掌につめ寄り、怒鳴りつけた。「ここは日本だぞ、だれに頼まれてものをいってるんだ。静かにしろだと？　たかがガイジン風情のためにふざけるな。ガイジンなんぞに日本ででかい顔されてたまるか、おとなしく引っ込んでろ！」とまあ、こんなぐあいだ。

連中も、私に向かってはこなかった。私のほうでも、言葉をかけることはおろか、見向きもしない。相手はみな、私より年配で、体重もずっと軽いし、酔ってもいる。一方、こちらは九十キロの巨漢で、空手の有段者、元プロレスラーでもある。素手で人ひとり死に追いやり、他の者たちに瀕死の重傷を負わせたこともある人間だ。もちろん、それは合法的な闘いであり、仕事のうえでのこと。四人の息の根を止めてやったら、さぞかし胸がスーッとするだろうとは思っても、まさか公衆の面前でけんかをやらかすわけにもいかないから、その場はあくまで無視することに決めたのである。

今回の一件を書くべきかどうか、ずいぶん迷った。過去三十年間にめぐり合った日本人はだれも親切で、分別もあり、礼儀正しくて気持ちのいい人ばかりだったではないか、と。これは、四日間悩みぬいたすえの結論なのである。それでも書くほうを選んだのは、日本人のなかにも、ある種の〝例外〟がいることは事実、と考えたからだ。礼儀知らずの、だが、経済的には比較的恵まれた中年男性――彼らは不愉快きわまる言葉を声高に語り、外国人に対して偏見をもち、外国人売春婦との交渉には異常なまでの行動力を発揮する。現に、私もタイでそういう光景を目にしたが、その厚顔無恥ぶりには、見ているこちらが恥ずかしくなった。万が一、こういう行状が妻や娘、あるいは母親や姉妹に知れたとしたら、彼らはどんな思いを味わうだろうか。エイズなどの患者がふえていることについても、それがまるで海外からの移住者の非であるかのごとくとり沙汰されるのには腹が立つ。二年ほど前、長野県の松本ではマスコミがフィリピン人のホステスたちを槍玉に上げ、その攻撃たるや凄まじいものがあった。

これがもし、祖国英国かオーストラリア、あるいはアメリカかカナダでの出来事だったとしたら、私は立ち上がり、〝社長〟の口元にパンチを一発お見舞いしていただろう。実質的には、法のおとがめはないに等しいからだ。なに、相手が死なない程度に、ほんの少し手心を加えてやればいい。しかし、ここ日本では、これまで築いてきた地位や名声を失うことはおろか、この国に住む権利すら奪われかねない。まして、市民権を得たいという私の願いは、夢のまた夢になってしまうだろう。

それにしても、自然が痛めつけられているのを見るのは、ほんとうにやりきれない。それをただじっとながめているだけの人たちに対しても、また、流れを変えることのできない自分自身に対しても、いらだちは募るばかりだ。この手紙を書き終えたら、道場で一時間ばかり汗を流し、さらに一時間、ゆっくりサウナにでも入って、いやなことは忘れてしまおう。結局、日本人の大多数は、とてもいい人たちなのだから……。ただ、私にいわせれば、少々我慢をしすぎではないだろうか。もっともっと怒っていいように感じるのだが。

あまり愉快でない話をお聞かせしたことを、どうかお許し願いたい。私自身、さんざん悩み苦しんだすえの選択なのだから。

また雪が降りはじめた。庭では、ずんぐりむっくりしたスズメが大勢やって来て、わが家のニワトリと仲良く餌をわけ合っている。助手の哲也君は、娘のアリシアやオーストラリアから来ているふたりの少年のために「かまくら」を製作中だ。わが家は例によってゲストでいっぱい。私にとっては、この家が世界でいちばん、なのである。今夜は、友人の磯貝浩や他の何人かと会う予定だ。

突きや打ち込みを千回もくり返し、いい汗をかいたところで冷たいビールをキュッとやる。たちまち世界は輝きをとり戻すことだろう。

来月には、いよいよニュージーランドへ出発だ！

一九九一年三月

シカを狩る理由《わけ》

三月末に黒姫を発ったときには、まだ根深く雪が積もっていた。それが昨夜、三週間ぶりに戻ってみると、どうだろう。すでにラッパズイセンが咲きはじめ、鳥居《とりい》川を雪どけ水が音を立てて流れている。軒下ではスズメたちがせっせと巣づくりに励み、雪化粧をほどこした銀色の山肌にも、土色の縞模様がいく筋も入っていた。それにしても、水のおいしいこと!

初秋から、いっきに春の終わりに飛び込んだ感じだ。なにしろ、こちらは昨夜《ゆうべ》ニュージーランドから帰ったばかり。時差は三時間たらずだが、季節はまるで逆なのだ。ある番組の撮影のために、日本テレビのロケチームに同行した。シカと人、その過去と未来をつなぐ壮大なドキュメンタリーで、ロケ地も日本、ニュージーランド、スコットランドの三ヵ国に及ぶ予定だ。今回はその手始めとして、ニュージーランドへと飛んだのである。

私がニュージーランドを選んだのは、かの地にはシカと人との特別な歴史があるからだ。この南の果ての島国に、最初に住みついたのはマオリ族だった。いまから千年ほど前、カヌーに乗ってポリネシアからたどり着いたのだ。彼らがやって来るまでは、コウモリが島唯一の哺乳類だったが、いつどうやって住みついたのかは、依然謎のままだ。ニュージーランドには、ここでしか見られないユニークな自然があった。そのひとつが地上で生活する鳥の多いことだが、なかでもすごいのがモアだ。身の丈三メートルにもなろうかという巨鳥で、主に植物を食べるが、翼をもたぬ珍種で、飛べない鳥だった。

そこへマオリ族がブタとイヌとをもち込み、ノネズミという予定外のおまけもくっついてきた。このときもたらされた作物のひとつサツマイモは、いまでも人種を問わず、広く国民の好物となっている。

そして、十九世紀の半ば、今度はヨーロッパからの移民がシカをもたらした。彼らはそれより先、イヌ、ネコをはじめ、あらゆる種類の家畜をもち込んでいたが、さらに英国から群れの何頭かを連れてきたのである。なかでもいちばん勢力をのばしたのは、アカシカだった。

ヨーロッパ、とりわけ英国からの移民は、祖国で親しんだ猟の味が忘れられず、獲物であったシカやノウサギ、キジ、カモ、ガン、それにサケ、マスなどの魚を恋い焦がれた。もともと、ニュージーランドの清流には、大ウナギくらいしかいなかったのだ。アナウサギをもち込んだのも彼らだが、こちらはたちどころに繁殖し、島中に広がった（ここでひとつご留意願いたいのは、"hare" と "rabbit" とはまったく別の動物ということだ。日本語で「ノウサギ」といえば "hare" のこと。ヨーロッパ人たちは、この両方をニュージーランドにもたらした）。

このほか、スズメやクロウタドリ、ムクドリ、ツグミ、ズアオアトリ、カラスなどなど、なじみの深い鳥が数多くもち込まれ、植物についてはハリエニシダ、エニシダ、アザミ、ブラックベリー、ニワトコなど、英国の代表的な野草が、ヨーロッパの草木、野菜や穀物などとともに、もたらされた。ヨーロッパの山々からは野生のシャモア（レイヨウの一種）を、ヒマラヤからは野生ヤギともいわれるタールを、カナダからはムース、オーストラリアからはワラビーとオポッサムを、というぐあいだ。その後、こんどはアナウサギが凄まじい勢いでふえてしまったため、それを狩り立てるためにケナガイタチ、イタチ、テンなどをもち込んできた。アナウサギといえども、四匹寄ればヒツジ一頭分くらいの草は軽く食べるからだ。

かくして、生態学者にとっては悪夢ともいうべき事態が生じる。本来の、固有の自然が失われ、生態系のバランスは著しく損なわれていったのである。

ニュージーランドの悪夢

第一の犠牲者は巨鳥モアだった。マオリ族に狩られ、彼らが鳥を追い立てるために放った火に焼かれて、絶滅の道をたどったのだ。とって代わって、急増したシカやシャモア、タール、ノブタ、アナウサギ、ノウサギ、そしてヒツジが、わが物顔にこの土地を席巻する。

とりわけヒツジは手のつけられない状態で、このヒツジの居場所を確保するために、山をおおっている草木が焼きつくされたこともあった。現在でもなお、こうしたことが不法に行われているという。当然の結果として山は丸裸となり、凄まじい浸食、鉄砲水、砂嵐を招くこととなった。

ふえすぎた外来動物たちはもてあましものとなったが、なかでも目の敵にされたのはシカとアナウサギだった。一九五〇年代初頭には、ついに政府がシカ撲滅のキャンペーンを開始する。まさに、不可能への挑戦。一度など、山の頂上に毒入りニンジンまでまいたそうだ！　それでダメだとわかると、つぎにはシカ撃ち専門にハンターを雇った。そのとき撃たれたシカは、仕留めた証拠に尾を切りとられただけで、大半がむざむざ腐るに任されたそうだ。

たしかに、ハンターたちは何千頭というシカを仕留めはしたが、日ごろ平地で活動する彼らにとって、ニュージーランドの山がちの地形は手にあまるものだったらしく、結局、この作戦もシカの数を減少させるには至らなかった。

そこで、三度目の正直として登場したのがヘリコプターによる狩りだった。しかも、このときは仕留めたシカを利用する方法まで考え出した傑物がいた。ハンターたちはヘリから銃を撃ちまくり、仕留めたシカをただちにそのヘリでもち帰ると、ドイツの市場へと出荷したのである。日本もふくめて、野生のシカ肉の輸入を禁じる国が多いなかで、ドイツは例外的な存在だった。死体の中に肺、心臓、腎臓、肝臓がそのまま残されており、獣医の検疫を経たものであれば、輸入を認めていたからだ。この、シカ狩りをビジネスに結びつけた男ティム・ウォリスは、ニュージーランドの伝説的英雄である。

ヘリコプターの登場により、とうとうシカの数を減少させることに成功した。しかし、話はそこで終わらない。またしてもティム・ウォリスが〝シカの飼育〟の可能性に目をつけたからだ。当時、シカは政府によって有害動物に指定されており、それは違法行為につながるアイディアだった。ところが、このウォリス氏、不屈の精神のもち主で、さっさとヘリコプターによるシカの生け捕りを始めると、ついには政府にうんといわせてしまった。現在では、シカの飼育はニュージーランドの基幹産業にまで成長している。実際、これは歴史をぬりかえる快挙だった。というのも、野生動物を完全に飼いならした例は、このシカが第一号なのである。

シカは獲物？

さて、中世の英国では、独裁的なノルマン人の支配下にあったサクソン人の農民たちにとって、シカは生活を脅かす存在にほかならなかった。穀物を襲われれば、人が飢え、死ぬことになるのだ。しかし、ノルマン人の大君主たちにとっては、シカはハンティングという高貴なスポーツに華を添える、格好の獲物だった。そして、いつしかシカ狩りは、高貴な血、あるいは莫大な富の力を象徴するものとなっていく。当時は、平民がシカを殺せば死刑になるほどであった。幸い、われわれケルト人がノルマン人の支配を受けたのはそれよりも何百年もあとのことであり、まさかシカの密猟で死刑になるようなことはなかったが。

そういうわけで、ヴィクトリア王朝時代、スコットランドなどではとくに、シカ狩りは貴族と富豪という二大特権階級の、格好の娯楽だった。地元の男たちにとっては、その案内役を務めることは名誉なことであり、貴族や英国、ヨーロッパの富裕なハンターたちが訪れると、みなこぞって名乗りを上げたという。貴族たちのほうでも、特権階級の名に恥じぬだけの金を使った。野生のシカの群れが棲息できるように、広大な土地を囲い込んで保護に当たったのである。

ニュージーランドでは、いまでも野生動物をめぐってさかんに論争が行われている。シカ、アナウサギ、ノウサギ、シャモア、タール、ノブタ、オポッサムなど――なかでも、シカは常に論争の的だ。はたして彼らは、いかなる手段を講じても排すべき脅威なのか、枝角《えだづの》、皮、肉などの資源の宝庫なのか、はたまたニュージーランドの国民すべてが楽しめるすばらしきスポーツ、ハンティングに欠かせぬ獲物なのだろうか。

この問題の核心にふれることはむずかしいだろう。だが、この十七日あまりをニュージーランドで過ごし、しかもそのあいだ、シカにかかりきりだっただけに、私にはよくわかるのだ。生態系が抱えるジレンマの常として、この問題もやはり個々のケースに応じて対処していかねばならないだろう。

シカがふえるに任せれば、森林や植物を丸裸にされ、浸食に拍車をかけることはいうまでもないが、それは結局、シカたち自身にとっても残酷なことなのだ。数がふえ、餌を食いつくしてしまえば、あとは寄生虫や病気にやられるか、飢死するかしかない。自然保護局のあるベテラン職員が、いみじくもいっていた。「シカが元気なときは、森も元気なのさ」と。彼、ジョン・フォン・タンゼルマン氏は、シカは淘汰されるべきだが撲滅するべきではない、と考える専門家のひとりだ。

今回のニュージーランド訪問では、かの英雄、ティム・ウォリス氏のヘリコプターに同乗する機会に恵まれた。実際、あんなにエキサイティングなフライトは初めてだった。狭い渓谷を、張り出した岩の下を、さらには白い水煙立ちのぼる滝の上を、ヘリは自在に飛び回る。まさに人と機械とが一体となった、ウォリス氏の妙技を見る思いだった。われわれはヘリを飛ばして、例の〝ヘリからのシカ狩り〟の撮影に当たったが、目の前で見る迫力は格別。これほど素早く、効率のいい方法もあるまい。他の国々ではとても考えられないことだろうが、ここニュージーランドではほんとうに必要なことなのだ、とあらためて感じた。

それから、「リリバンク・サファリ・ロッジ」というところで一週間を過ごした。コバルトブルーの湖として名高いテカポ湖北端にある。テカポの名は日本の観光客のあいだでも、つとに有名だろう。そのリリバンクで、私は大きな雄ジカを追い、ただ一発で仕留めることができた。

動物を狩るという行為が、とりもなおさずその動物の保護につながる。そういっても、読者のみなさんには、たぶんピンとこないだろう。でも、実際、そのとおりなのだ。それだけじゃない。私が撃ったシカはむだになることなく、ちゃんと食料にもなったのだ。ひとつ、ここのところを考えていただきたい。つまり、シカがふえすぎれば、必然的に彼らの棲息する環境は破壊される。それを、干草を与えるといったお手軽な方法でしのごうとすれば、かえって事態は悪くなる。生き残ったシカは最後の一本まで、野生の植物を食いつくすからだ。一定数を超えるシカを狩り、食用にすれば、それで生かされる生物も出てくる。少なくとも、シカに占領されていた土地を、家畜の飼育や穀物の栽培へと転用することはできるわけだ。

ニュージーランドでは、私はアナウサギも撃った。狩りに出て、まず五匹を選ぶと、二十二口径のライフルで仕留めた。どれも苦しまずに死んだ。その五匹は、おいしいウサギのシチューに生まれ変わって、十五人もの人間の腹を満たしたのである。どのみち数を制限しなければならないとしたら、ウサギを撃ち、食べるのと、役人のまいた毒で殺すのと、どちらがいいだろうか。

ここでたいせつなことは、狩りに当たるハンターが問題を十分認識していることだろう。どうして殺さねばならないかを肝に銘じたうえで、よけいな苦痛を与えることのないよう、すみやかに正確に仕留めてやることだ。獲物の肉は、やがてハンター自身の肉となる。命の尊厳と、その献身に対する感謝の念とがハンターの心のうちにあることを、私は心から信じている。

自然のバランスを崩し、それに拍車をかけたのは人間の罪だ。だから、われわれにはそのバランスをもとに戻す責任がある。

リゾート開発の魔手

おやおや、黒姫からの手紙のはずが、すっかりニュージーランドからの手紙みたいになってしまった。じつは、この手紙を半分あたりまで書いたところで昼になり、友人の南健二と松木さんがやって来た。私たち三人の話題は、今月植えたばかりの千本の若木のこと。その大半は落葉樹だ。私たちはさっそく「アファンの森」（これは、私が買いとり、健康な森の姿に戻そうと手入れをしている森のことだ。「アファン」とは、故郷ウェールズで、政府の手によって緑がよみがえりつつある森の地名からとった）へ散歩に出かけ、うれしい発見をした。何百というラッパズイセンが咲きほこっているかたわらで、可憐なカタクリも花をつけていたのだ。このカタクリは、断じて山から盗ってきたものではないことをつけ加えたい。苗床で種から育てたものだ。

しかし、喜んでばかりもいられない。時期はずれの大雪のせいで、森はかなりのダメージを受けてしまった。これから傷んだ木の手当てや間引きやらで、また忙しくなりそうだ。

森をもとの姿によみがえらせるという仕事は、時間も金もかかるたいへんな仕事なのだ。だが、私も松木さんも、助手の哲也君も、それはもとより承知のうえで、信念をもってことに当たっている。途中であきらめたりするものか。

そうはいっても、さっさとタオルを投げて、コーナーへ逃げ帰りたくなることもある。日本の片隅で、お役人や貪欲なデベロッパーの汚らしい手が届かないところで、ひっそりと暮らせたらどんなにいいかと思う。

美しい妙高を蹂躙《じゅうりん》するデベロッパーの手は、とうとう標高千九百メートルにまで及んだ。連中は、それでもまだ刈るつもりらしい。処女林にためらいもなく爪を立て、ブナやダケカンバを伐り倒し、亜高山植物でなかなか育たないといわれるオオシラビソも、平気で踏みにじる。何百、何千という木、それも多くは樹齢四百年を超える古木が、つぎつぎと伐り倒されていく。しかも、連中はそれをブルドーザーで無造作に脇へどけると、むざむざ朽ちるに任せてしまうのだ。スキーのコースを延長するという、たったそれだけのために。彼らにはもう、上へ上へと逃れるしかないのだ……。

スキーシーズンは年々短くなっているが、それは地球の温暖化のせいだ。では、どうしてそうなったか。地表をおおい、日よけになってくれていた森が姿を消したからだ。つまりは、自分で自分の首を締めていることになる。

それにしても、森林伐採の許可を求めるデベロッパーのあわてぶりは不自然に映る。この勢いだと、この手紙がみなさんのもとへ届く前に、許可をとりつけるのではないだろうか。連中のつぎなる標的は「赤倉谷地《あかくらやち》」という地域だ。なじみのない名前かもしれないが、遠い昔、大きな地すべりがあって、村ひとつ押し流されてしまった土地だ。それが何百年という歳月を経て、山がふたたびもとの姿をとり戻しかけていた矢先に、なんと愚かなことを。木々が懸命に根を張り、土を受ける手のように大地を支えているというのに、デベロッパーはその木を伐ろうというのである。愚かとしかいいようがない。愚かさも、ここまでくると罪悪だ。

現在、彼らが伐採しているブナの木は、樹齢百年のものでも直径わずか三十センチにしかならないものだ。だが、私たちが写真に撮った木々のなかには、直径が一メートルを超すものも少なくはなかった。彼らは、何百年という歳月を無にしているのも同じことなのだ。

日本の人々は愚かでもなければ、無神経でもないことを、私はよく知っている。それにもかかわらず、こんな暴挙がまかり通るとすれば、私に考えられるただひとつの答え、それは上層部のどこかが重度の汚職に侵されているということだ。

私はこの国の自然と将来を、真剣に考えている。それをわかってくれる人たちは、じつに恐ろしい話を聞かせてくれるのだ。なかでも、リゾート開発の実態には悪寒が走る。現状の公害規制では、大規模なリゾートが排水を海へ垂れ流しても、なんら問題にされない。だが、現実には、そのために地元の漁業がかなり深刻な被害を受けているのだ。当然のこととして、勇気ある人々は立ち上がり、漁師たちは開発反対を訴える。すると、どうだろう。交渉の場に現れるのは開発担当者ではなく、ヤクザだというのだ。暴力団の介入、建設業者のトップと政治家との癒着――かくして開発はゴリ押しされ、漁業組合ははした金を握らされて泣き寝入り。しかも、暴力団は仲介料として十パーセントの上前をはねるという。

これでは、世界最高の技術が泣こうというものだ。リゾートを造成する際、わずか十パーセントの建設費を上乗せするだけで、汚染を防ぎ、地元の漁業を救うことができるし、日本の公害規制技術をもって水を浄化・再利用すれば、何年かたつうちには何億という金を節約することも可能なはずなのに。

あとはデベロッパー諸氏の良心に訴えるのみだ。一日も早く、いま提案したような方向へと転じてほしい。暴力団に甘い汁を吸わせるようなことを続けていていいものか（昔ながらの博打《ばくち》など、ヤクザにはヤクザの生きる道があるだろう)。ことは、日本全体の自然環境、未来、そして生命にかかわる重大事なのだ。さらに、心あるスキーヤーの諸君には、大手デベロッパー系列のスキー場をボイコットするよう望みたい。環境庁に対しては、たまには殻から顔を出してなすべきことをやってもらいたいと思う。いつまで弱腰の態度を続けているつもりなのか。

明日になれば、私はまた黒姫を離れなければならない。今度はテレビ東京で、テムズ川のドキュメンタリーを製作する予定だ。この川も何百年にもわたって汚れ放題だったのが、エジンバラ公フィリップ殿下を筆頭に、多くの人々の努力で美しく生まれ変わり、いまではサケが上ってくるまでになっている。筆をおくに当たって、あらためて肩越しに鳥居川をながめた。水かさは川岸すれすれまで上がり、奔流となって流れていく。私はまだ、ここでじっとしているわけにはいかない。あちこちに旅し、吸収しなければいけないことがたくさんある。しかし、本音をいえば、旅立ちに心は弾まない。ここ黒姫が、私にとってはどこよりも安らげる場所なのだから。

つぎの手紙は、テムズ川に浮かぶ船の上で書くことになると思う。では、そのときまで。

一九九一年四月

そして船《ジョシュア》は行く

前回お話ししたとおり、この手紙は黒姫ではなく、英国のテムズ川で書いている。ゴッドストウ・ロックという閘門《こうもん》（川の水位を調整するための水門）の上流側に停泊した船の上で、五月のうららかな陽ざしを浴びながら、〝夢見る尖塔の町〟オックスフォードをながめている。周りを飛びかうガンの群れは、きっとゆうべ夜の番をしたごほうびにありつこうというのだろう。おまけに、今朝は四時半から私たちを起こしてくれたのだ。舷窓から外をながめると、三羽の雌のハクチョウが優雅に泳いでいく。その向こうでは、広々とした緑地でガンが草をついばんでいた。そこは公共の広場になっていて、乗馬をする人、イヌを散歩させる人、なかには手をつなぎ、肩を並べて歩く恋人たちの姿も見える。

私がいま乗っているのは大型のロングボートで、英国の川や運河では昔から見られた伝統的な「ハウスボート」と呼ばれるものだ。船員は二名、そして船長はこの私である。われわれ一行は、テレビのドキュメンタリー番組撮影のために、テムズ川へとやって来た。これから十日あまり、この船「ジョシュア」で川を下っていき、その間のようすをフィルムに収めようというのである。まずはテムズ川上流の、奥まった町レッチレイドからテディントンへと下る。このあたりからはモーターエンジンのついた船舶でも航行可能なのだ。そこから先はＰＬＡ（ロンドン港湾管理委員会）の巡視船を、撮影のため特別に使わせてもらうことになっている。

テムズを下る

私たちは、テムズ川の源泉、「テムズ・ヘッド」を見つけた。冬のあいだは、石灰岩からふつふつと水が湧いていたそうだが、いまはすっかり涸れてしまっている。そのまま歩いていくと、やっと水の湧き出る泉にめぐり合うことができた。その泉は井戸になっていて、そこからは小川が流れ出しているという。「ウィッシング・ウェル」と呼ばれ、願いごとをかなえてくれると信じられてきた。

だが、私たちが見た井戸には鉄格子のふたがしてあった。昔からこの井戸には、コインを投げ込み、願いごとをする人があとを絶たない。それに目をつけ、ごっそり盗んでいく不届き者もいるというわけだ。そこで管理者側は鉄格子をはめることにした。いまでは年に一度、井戸の中のコインを回収し、地域の慈善事業に全額寄付しているそうだ。

このささやかな流れも、あのテムズ川なのである。いや、ローマ時代に建設された古い町ドーチェスターまでテムズ川は続いているのだと、いい張る者もいるほどだ。

カメラマンとディレクターは、パントと呼ばれる平底舟に乗り込んだが、なかには剛気な者もいて、みずからオールをとって舟を漕いだり、私について借り物のカヤック（イヌイットの用いる革張りの舟。それから進歩した競技用ボート）に挑戦したりした。しかし、このパドル（カヌーを漕ぐオール）は作りも粗く、バランスが悪いのには手を焼いた。かくしてわれわれ一行は、小さな町クリックレイドを出発、めざすレッチレイドまではおよそ二十五キロの航程だ。

クリックレイドのあたりは川の流れも速く、カヤックを浮かべるのに充分な水深もある。まさに自然の流れという趣で、そこから十キロあまり、人の住んでいる気配はまったくない。結局、他の支流と合流して大きな流れにふくらむまで、人の影は見えなかった。合流地点からは川幅も広くなり、深さもさらに増すため、人や貨物を運ぶ船の航行も可能

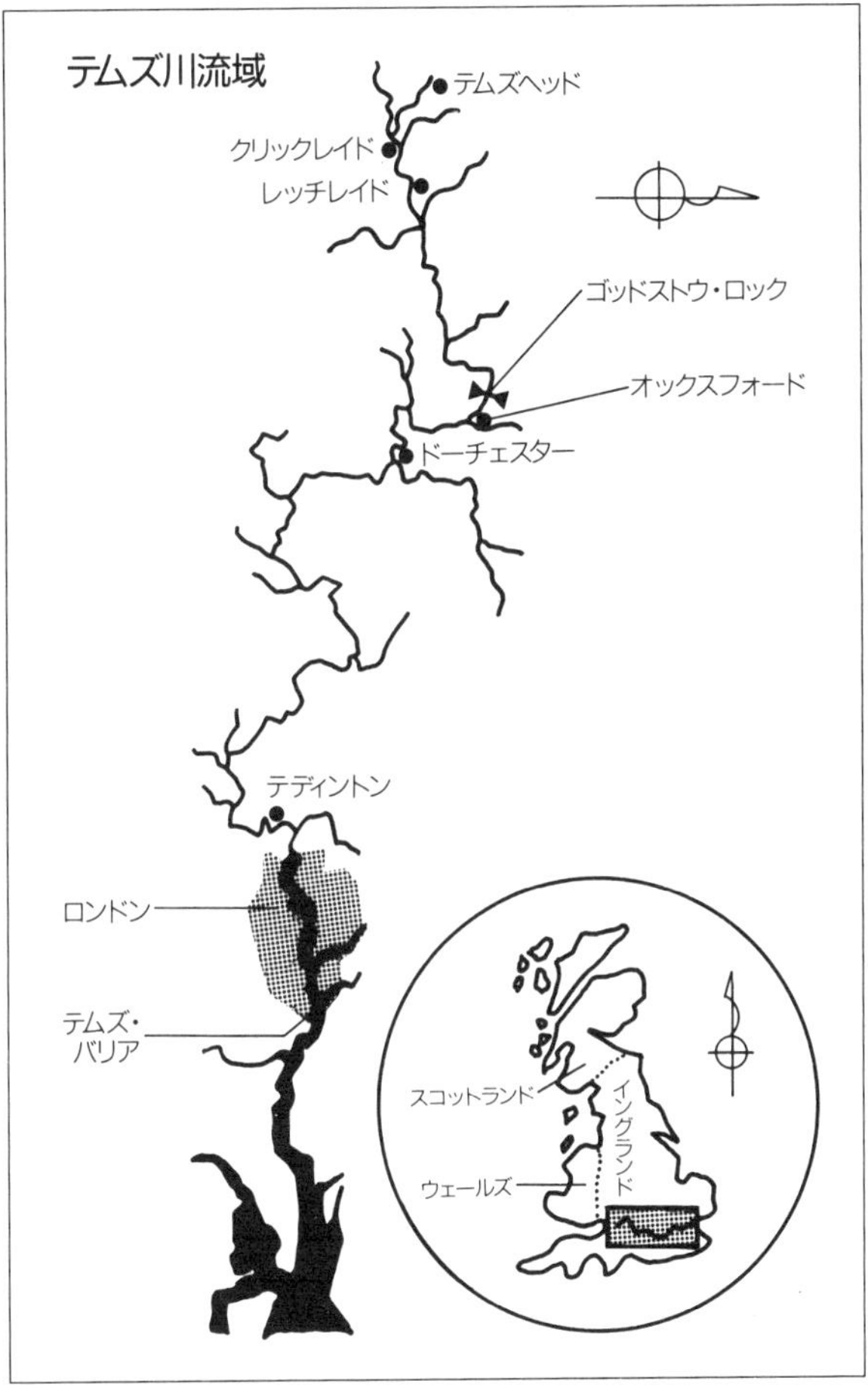
テムズ川流域
テムズヘッド
クリックレイド
レッチレイド
ゴッドストウ・ロック
オックスフォード
ドーチェスター
テディントン
ロンドン
テムズ・
バリア
スコットランド
イングランド
ウェールズ

となる。現に、かつては運搬船が行き交っていたのだ。

この旅の途中、私の乗るカヤックは、たびたび雄ハクチョウの攻撃を受けた。よそ者の手から縄張りを守り、川岸で卵を抱えるつがいの雌を守ろうと必死だったのだろう。だが、ハクチョウはかなり大きな鳥だ。あの一撃をまともにくらったら、たちまち水へ突き落とされてしまう。私ひとりならまだしも、この体には高価な無線用のマイクもついている。やむをえずパドルで応戦した。

ハクチョウのほかにも、頭が白くて体が黒い水鳥のバンやマガモをはじめ、あらゆる種類の鳥が川岸に集っている。ウシやヒツジの姿も見えた。それから五時間、レッチレイドへ到着するまでは、漁師はただのひとりも見かけなかった。

その間のようすは逐一フィルムに収め、インタビューも行った。これだけで充分、本が書けるだろうし、いずれそうするつもりだ。だが、心に残る出会いのなかでも、とりわけ印象の深い人物がいる。〝彼〟との出会いを、単なる偶然と呼んでいいものだろうか。

〝彼〟との再会

今回、テムズ川をめぐりながら、私はみずからの過去へと旅しているような思いに駆られていた。コッツウォルドの小さな村では、古い知り合いにふたりも出くわした。なんと三十二年ぶりの再会だ。ひとりはスコットランドの詩人、もうひとりは昔なつかしき同級生。ふたりは、同行の日本人スタッフ相手に思い出話を始めた。私のプロレスラーとしてのデビュー戦へ応援に駆けつけたときのことを話している。あれは一九五九年。遠い昔が一足飛びによみがえるのを感じた。

しかし、それにも増して、彼との出会いは強烈だった。記憶のなかの彼は、きらきらと目を輝かせていた金髪の坊や。当時はまだ二歳だったと思う。それがいきなり、三十四歳のハンサムな青年となって目の前に現れるとは。彼の幼い日、この私が子守をしたこともあったというのに。

そのころ私は、カナダのモントリオールはマクギル大学の近くにある、彼のご両親のお宅へ厄介になっていた。一ヵ月あまりの滞在だったが、その間、朝私を起こすのはきまって彼の役目だった。居間で寝ている私の寝床へもそもそはい込んで来ては、私の耳を引っ張ったり、頭の上にでんと座ったりしたものだ。小さな口からは、いつもオレンジジュースの甘いにおいがした。

当のご本人は、そんなことなどまるで覚えていなかったが、私のことはなにからなにまでよく知っていた。両親からはしょっちゅう聞かされていたし、私の手紙を読んだり、写真も見ていたからだという。その青年の名はアリステア・ドライバー。NRA（英国の全国河川管理委員会）テムズ地区の保護責任者である。

私たちが再会を果たしたのは、つい昨日のことだ。

当初から、保護団体の代表に会うことは予定に入っていた。その活動の一端を、ぜひともフィルムに収めたいと考えていたからだ。彼らは川岸の保護に当たるかたわら、積極的な環境改善に努めて、魚や野鳥、トンボの幼虫のような貴重な水棲昆虫などの保護に当たっている。

テムズ川の護岸について補足すると、船がものすごい速さで通過するたび、その際に生じる波で両岸の土砂がどんどん削りとられてしまう。彼らはこうした船による浸食を深刻に受け止め、魚が産卵し、鳥が巣を作れるような環境づくりをめざしているとのことだった。会見の場へと向かう途中、「ジョシュア」の舵をとる私に、ディレクターがこちらの新聞の切り抜きを渡してくれた。そこには、英国の河川がしだいに減少しつつある現状について、関係者のコメントが載っていた。このような深刻な事態を招いた最大の原因は、現代人による水の使いすぎだという。その記事には、関係者の名前も出ていた。アリステア・ドライバー！　よくある名前ではない。しかも、自然保護を仕事にしているとあって、私はすぐにピンときた。

思わず無線を通じて、コーディネイターのジム・カスバートに呼びかけた。ジムは、先を行く船に乗っているのだ。

「アリステアに聞いてくれ。父上はピーター・ドライバー博士じゃないか、って」

ジムたちを乗せた船は、こちらよりひと足早く閘門《こうもん》に到着。土手の上に立つ男性に、ジムが私の質問を伝えるのが見えた。すると、どうだ。その男性はこちらを振り返り、船をつける私に向かって手を振り出したではないか。

「やあ、ニック！」彼はひと声叫ぶと、すぐに飛んできて、にこやかに私の手をとった。

「ずいぶんとハンサムになったじゃないか」こちらもジョークで応じた。「おふくろさんに似てよかったな」

念のために申し添えると、たしかに彼の母上はとても魅力的な女性だが、父上のドライバー博士も、なかなかの美男子である。

わが師、ピーター・ドライバー博士

ピーター・ドライバー博士との出会いは、学生時代にさかのぼる。当時の私は生物と歴史にのめり込んでいたが、そのときの生物の教師がピーターだった。以後、今日に至っても、彼こそはわが人生最良の師と敬愛してやまない人物なのである。そのころ、私にはほかにもふたつばかり、夢中になっていることがあった。北極探検と日本の武道である。私の熱はピーターにも伝染し、ついには私の通う柔道クラブに入会するまでになった。その代わりというわけでもないが、週末になるとコッツウォルドまで自転車を飛ばし、彼の小さな農場で頼まれる雑用を嬉々として引き受けていた。

ピーターがカーネギー奨学金を受け、マクギル大学で博士課程の研究をすることになったときには、私たち教え子はみな、がっかりしたものだ。しかし、一九五八年に彼が極北地方の遠征へと旅立つことになったとき、ピーターは私を助手として呼んでくれた。カナダまでは自費で行かねばならず、その後、モントリオールとアンガバ湾で助手として働いた何ヵ月ものあいだ、まったくの無報酬だったが（ピーターは冗談まじりに、私のことを〝奴隷〟と呼んでいた）。

すばらしき師の教えを受けた甲斐あって、私は、非公式ではあるが代役を務めるまでになっていた。彼が教鞭をとる大学で、二年生、ときには三年生の授業にまで顔を出し、並みいる学生たちの前で、解剖をしてみせたのである。当時、私はまだ十七歳で、チェルテナム・グラマースクールを出たばかりだった。ちなみに、わが母校はヘンリー八世によって設立された、じつに厳格な男子校であり、当時は名門校のひとつに数えられていた。私は、ピーターのトリクイグモに餌をやったり、動物や鳥の頭蓋骨をきれいに磨いたりするかたわら、遠征の準備に奔走し、彼の息子の子守まで一手に引き受けた。その代わり、ピーターの家に居候として世話になり、初の極北地方遠征へ向けて、カヌーを一隻手に入れたのである。

じつをいえば、両親の猛反対を振り切り、家出同然に参加した遠征であった。英国へ戻ったときには、私はすでに十八歳になっていた。英国の法律では、自分の身の処し方は自分で決めることが許される年齢だ。パブで酒を飲むことも認められている。

そんなわけで、ピーターが翌一九五九年、二度目の遠征に声をかけてくれたときには、迷うことなく飛びついた。今度は、往復の船賃まで出してくれるとあってはなおさらだ。さっさと通っていた夜学を辞め、精を出していたアルバイトも全部辞めてしまった。

遠征でも、大学のほうでも、ピーターの助手としての私の評判はなかなかのもので、それが耳に届いたのか、一九六〇年には「北米北極研究所」からお声がかかった。カナダ極北地方にあるデボン島遠征に当たり、この私を越冬隊員のひとりに任命するという。このときから、私と極北地方との本格的なつき合いがはじまった。すべてはいま目の前にいる、ハンサムな青年の父上のおかげである。三十二年の歳月を経てめぐり合った彼が、自然保護に携わっているというのも、なにかの縁だろうか。人間によって傷めつけられた自然を助け、もとの姿へと戻すこと、それはとりもなおさず私自身の最大のテーマなのだ。

自然との共存をめざして

私の周りには、そのテーマを語り合える仲間がたくさんいる。

友人の野田知佑とは、千曲川をカヌーで下り、時間を忘れて語り合った。昨年のバフィン島遠征にも同行している。そして、いまは亡き親友・開高健をはじめ、多くの心ある日本の友人たちとも、日本の河川の現状について何度となく話をしたものだ。水の使いすぎや汚染にとどまらず、美しい川を生き物の棲むことのできないコンクリートの水路に変えてしまおうという政府のばかげたやり方が、河川の破壊に拍車をかけている。「長良川河口堰建設」のごとき計画を耳にしては、憤慨し、絶望してきた。川を死に追いやる政策、日本の人たちを川から遠ざける政策、なにより許しがたいのは、子供たちに頭から〝川は恐ろしくて危険なもの〟と教え込むような教育のあり方である。

NRAにしても、日本の建設省とまったく反対の方針をとっているわけではない。しかし決定的な違いは、彼らが近代的な技術と自然を組み合わせることで新たな活路を見出そうとしている点にある。

英国には、現在約四十種のヤナギが生息している。しかも、混合種が生まれ、数はなおふえているというから、植物生態はますます込み入ってくることだろう。川岸に沿って、「ポッキリヤナギ」と呼ばれる種が短く刈り込まれている風景は昔ながらのものである。このヤナギ、ずいぶんと丈がのびるのだが、その名の示すとおり、放っておくと幹がぽっきり折れて、枯れてしまう。そこで、二・五〜三メートルのところで伐ってやると、刈り込まれた木は新たな枝をのばし、葉をいっぱいに繁らせるのだ。

これまで、伐りとった部分はウナギ捕りの罠など、枝編み細工に利用されてきた。しかし、それを泥のなかに落としたままにしておけば、生命力の強いヤナギはそこからまた根をのばし、新たな苗木へと育つ。これなら植樹も簡単だ。刈り込む手間をかけることによって、ヤナギは何百年もの生命を吹き込まれたことになる。それはやがて空《うろ》となり、フクロウやコウモリ、カワウソなどの生物に、格好のすみかを与えるだろう。そして、大地に張ったヤナギの根は、土手を支え、浸食から川岸を守るのだ。川岸によく育つ低木の類も同じで、土手の補強に大きな力となるうえ、魚の卵やトンボ、水鳥、その他無数の野生生物を守りはぐくむ傘となってくれる。伐りとられて間もない枝先は、わずかでも樹皮が残っていれば、泥のなかでも根を生やす。つまり、人が刈り込みを続けるかぎり、ヤナギの垣根は半永久的にもつ。コンクリートなどよりも、よっぽど長もちするのである。

もうひとつの驚くべき植物、それはアシだ。アシが根をのばした土は、擁壁を支える格好の素材なのである。アシは、先のポッキリヤナギのように自然のままで擁壁となるばかりではなく、近代的な技術をもって築かれた擁壁にも利用されている。そうした技術の一例として、黒い合成樹脂を利用した擁壁があげられる。水に腐らず、なおかつ植物もそこで生長することができるというプラスチックだ。この擁壁と、浸食されている川岸のあいだに、アシが根をのばした土を据えるのだ。水の深いところに、まずワイヤーでくった石を何層か沈めて、その上から水面に届くまで、先ほどと同じ水に腐らない（もちろん、毒性もない）プラスチックが入った袋を重ね、一番上に、アシが根を張った土をかぶせるのである。

直径四十センチほどの丈夫なコンクリート製の管を通して、この擁壁と川岸にはさまれた部分が川の流れから隔絶されない配慮もなされている。一年のうちにはアシが育ち、二、三年後には力強くのびた根が、プラスチックの袋や石をもがっちり抱え込んでくれるはずだ。アシに守られた水域は、魚や水棲昆虫などの生物に格好の産卵場所を提供し、新たな生命をはぐくむばかりか、見た目にもじつに自然で美しい。そのうえ、船の波による浸食も、しっかり防いでくれるのである。

緑の革命の波

英国をはじめ、スイス、オーストリア、ドイツ各国では、こうした技術をつぎつぎに開発し、積極的に導入することで、水路をより美しく、人々が楽しめるものにしようと尽力してきた。日本でも遠く江戸時代には、同様の発想のもとで、今日に劣らぬ工夫がなされていたはずである。

山林を丸裸にしたらどうなるか、そんなことはいわずもがなだろう。いつなんどき、鉄砲水が襲ってくるとも限らない状況を、みずから作り出しているのだ。そのうえ、今度は日本の沿岸や河川をコンクリートで塗り固めようというのか。しかし、あきらめずに反対を唱えつづけることだ。この環境破壊に歯止めをかけ、一歩ずつ押し戻していかねばならない。

いま、ヨーロッパでは〝緑の革命〟が進行中だ。この波は、きっと日本にも波及する。そうなれば、いくら役人たち（とりわけこの地方の）がこぞって断固頭を横に振ろうが、もはや流れを食い止めることはできないだろう。

そのおりには、ぜひともアリステアを日本に呼びたいものだ。父親の志《こころざし》を受け継ぎ、自然保護に情熱を傾けるこの青年を、同様の理想に燃える日本の若者に引き合わせたい。たぶん、このテムズ川が私を彼にめぐり合わせてくれたのも、そのためだったに違いない。

この手紙を書き終えたら、私たちはまた川を下り、オックスフォードを抜ける予定だ。このロングボートにはキッチン、食堂、シャワーにトイレ、ベッドとなんでも揃っていて、はてはバーやテレビまでついているという、まさにいたれりつくせりの環境だ。しかも、わずか三十分の講習を受ければ、だれにでも操舵できる。ひとりでも、家族連れでも気軽に船旅を楽しめるばかりか、イングランドを知るいちばんの早道でもある。

ほかの船の人たちはもちろん、閘門の門番《ロック・キーパー》も、川沿いのパブの連中も、川遊びに来ている人たちも、すべてがやさしい。イヌやガンまでが人なつこいのだ。私自身、久しぶりにおおいに楽しんでいる。だが、それと同時に、テムズ川は考えるべきこともどっさり与えてくれた。

ああ、外では二羽のガンが、また騒いでいる……。

一九九一年五月　テムズ川にて

テムズ、その光と影

ようやく私はわが家に戻り、こうして書斎の机に向かっている。降り注ぐ陽ざしが暑い。開け放した窓からは、カッコウの歌声と鳥居川のせせらぎが聞こえる。見渡すかぎり、緑一色だ。助手の哲也君と松木さんが、私を迎えてくれた。まず最初に手をつけたのは、大きく育ってしまったフジの植え替えだった。私たちが「アファン」と名づけた森の中には、小径をちょっとそれたところに泉がある。そこの上に棚を作って、藤棚に仕立てようというのだ。いまのままでは、フジのつるが幹を絞め殺さんばかり。植え替えをすることで、つると幹の両方を救えるといいのだが。

私たちがフジの根を掘っていると、雌のキジがいきなり足もとの草むらから飛び出してきた。甲高い叫びを上げて、四メートルほど走って逃げる。思ったとおり、草のなかには十二のうぶ毛の玉が上手に隠してあった。母キジがヒナを守るため、命がけの演技を始めたのだ。キーキーわめきながら、草むらをちょこちょこ走り回り、羽が折れているふりをする。狩人に〝格好の獲物〟と思い込ませて、自分のほうに注意を引きつけようとしているのだ。私は、母キジがヒナたちのもとへ戻れるように、後ろに下がった。

「ねえ、ぼくは君や君の赤ちゃんに危害を加えるつもりなんてまったくないんだ。安心して、ここにいていいんだよ」

こんなとき、野生の動物に話しかけることができたらどんなにいいだろうと思う。だが、そんなことをしたら、彼らを無防備にしてしまうだけだ。ほんとうの危険が迫ったときに、対応できなくなってしまう。

ところで、野生のハチの一団が、松木さんの炭焼小屋の軒下を見にやって来た。さっそく、松木さんが簡単な巣箱をかけてやると、予想どおり、ハチたちは巣づくりを始めた。子育てのためと、そして、いまではハチミツづくりのために。家賃がわりに、ミツを少々頂戴するくらいはかまわないだろう……。

季節はずれの大雪は、樹木に多大な被害を与えた。しかし、松木さんはほとんどの木の手当てをして、抜かりなく植樹もすませておいてくれた。私が四年前に植えたアカシアの木も、すでに三メートルにまで育ち、花をつけている。沼地の水はけをよくするために掘った小さな池には、イモリやカエル、ゲンゴロウなど、いろいろな小動物が棲みはじめていた。夏のあいだも充分な水を保てるようなら、この池でコイを育てたいと思っているところだ。せっかくいいすみかが整ったと思ったら、前にいたコイはほとんどイタチにさらわれてしまった。ご存じのとおり、イタチは水に潜るのだ。それでも、キンギョは二匹ばかり残っているし、オタマジャクシもいる。そして、とびきり元気なイワナが一匹。私たちは、泉の下にもうひとつ、小さな池を造ろうと考えている。ホタルの棲息地を広げようと思うのだ。

テムズ再生への努力

英国から帰国後、日がたつにつれて興奮もおさまり、むこうで感じたことを距離をおいてとらえられるようになった。

まず、テムズ川にサケが戻ってきた。これは紛れもない事実だ。そして、完全ではないにしろ、最悪の汚染状態にあったテムズ川をよみがえらせたことも間違いない。現に、私たちは、ヤナにしかけた罠にかかった大きなサケの姿を撮影したし、十四匹もサケをとったという漁師の話も聞いた。十五センチほどのサケの稚魚を放流する光景もフィルムに収めたが、このうちの何匹かは、きっと海まで旅してふたたびこのテムズへと戻ってくるだろう。たしかに、すばらしいサクセスストーリーではあるし、ひじょうに重要な出来事でもある。しかし、話はまだ終わってはいないのだ。

そう、サケは戻ってくるかもしれない。だが、もとの孵化した場所までたどりつくことはできないだろう。NRA（英国の全国河川管理委員会）は、水門や堰を改良して、魚たちが上流まで戻れるよう工夫をしている。いずれは、サケたちももっと上流まで戻ってこられるようになるはずだ。しかし、地下からの過剰な取水のために、支流や流れの速い砂利底の小川などはどんどん水量が減り、完全に川の姿を消してしまったものもあるほどだ。

人口の増加と、それに伴う使用水量の増大が、英国の河川をめぐる最大の問題となっている。毎日のシャワー、洗濯機、食器洗い機、水洗トイレ、さらには歯磨きや庭の水まき、洗車の際に水を出しっ放しにする人が、これに拍車をかけているのだ。

水がきちんと再利用され、サケが戻って産卵できるようになるまでは、テムズ川の物語は完結したとはいえない。

とはいえ、NRAが川岸のコンクリートを撤去し、ヤナギやイグサなど自然のものに替えていく光景は、見ていて楽しいものだった。すべては川岸を改良し、強化するための措置である。さらには、川の水系や、水上、水中の生態系までも科学的に監視していこうとする壮大な努力には、おおいに勇気づけられた。

私たちは、巡視船でテムズの河口まで下る途中、ひとり乗りのトロール船に出会った。船を近づけて、漁師が網を引き揚げるところを撮影したのだが、なんと網には、たくさんのシタビラメがかかっているではないか！　シタビラメといえば、英国ではサケ以上の高級魚だし、いわずと知れた川底に棲む魚だ。これだけを見ても、テムズ川の汚染がどれほど改善されたかわかるというものだ。

私は以前、日本海の蟹トロール船を取材したことがある。もちろん、川の河口などではない。それでも、網にかかったものの半分はプラスチックのごみだった。かたや、テムズ川の河口では、網に引っかかったごみはわずかに、古いコンクリートのかけらがひとつと、レンガがふたつのみ。テムズ川にものを投げ捨てることは、厳しく禁じられているからだ。それに、ロンドンでは、流れのせいでごみが溜まりやすい箇所を選んで、六ヵ所にごみ収集器が浮かせてあり、これがかなりの効果を発揮していた。

ところが、私が黒姫に帰ってみると、松木さんが、アファンの入り口にだれかがごみを捨てていったというではないか。山菜をとるために私たちの森を荒らしたあげく、ピクニックをしていった人間のしわざに違いない。こんなことをする奴は、そのうち怒れる赤鬼に出くわすだろう。いまから警告しておくが、そのときには、赤鬼は礼儀正しくもしなければ、やさしくもしないと、知っておいていただきたい。

さて、私たちがテムズ川を旅するあいだ、カモやハクチョウに餌をやる以外、川にものを投げる人は一度として見かけなかった。制服の役人もふくめて、すべての人が陽気で親切だった。川は主要交通路であるのみならず、自然を愛する人たちの憩いの場となっている。このことは、私に希望を与えてくれた。人は自然をよみがえらせ、自然に溶け込むことができるのだ。ハウスボート、セイリングボート、カヌー、カヤック、スカル（競漕用ボート）に観光船。あらゆる船が川面を滑り、岸では人々が戯れ、散歩し、くつろいでいる。カモ、ハクチョウ、アイサ（ウミガモの総称）、クロガモ、カワセミ、カナダガン、それにアオサギの姿も見える。ヤナギには、クロウタドリやツグミ、ウソが羽を休めている。ウシやヒツジ、ウマが水を飲み、昔ながらの建物がいまも変わらぬたたずまいを見せ、なにより川辺にはすてきなパブもある！

最新技術の生かし方

日本に戻って来てから、私は例によって、さまざまな講演の機会を使っては日本政府の姿勢を批判している。政府は、川岸や海辺をすべてコンクリートで塗り固めようとしている。それこそ、みにくく、不毛な政策としか私には見えない。東京では、政治家に会って話もした。すると彼らは、日本の人々は川をコンクリートで縁どるのが〝きれい〟でいいと思っているのだ、というではないか。私はそんな話は信じない。

同じ手をかけるのなら、川を浄化し、みにくいコンクリートをはがして、野生の動植物が生息できるような環境づくりをめざすことはできないのだろうか。そうなれば、やがては川も本来の美しさをとり戻すに違いないのに。なにも手をこまねいて、行政の緩慢な規制をながめていることはないのだ。この国には、環境汚染防止のためのすばらしい技術力があるのだから。

役人のフィールドワークに関してはどうだろう？

テムズ川では一万もの観測地点を設け、定期的な観測が行われている。これにひきかえ日本では、尊大で役人風を吹かせた官僚が、ネクタイを締め、机にしがみついているだけ。ゴム靴姿で外に出て、水に入るなんてことは金輪際やらない連中だ。もしも、東京湾のサンプル調査でもやれば、きっとテレビがとり上げるだろうに——ああ、まったく！

地方レベルでも、環境政策はめちゃくちゃだ。しかし、私が最近知ったところでは、オゾン層の減少など、地球規模の環境問題において、日本はかなり高度な研究を行っている。先ごろ、筑波研究学園都市にある環境庁の研究室を見学した際には、おおいに感銘を受けた。日本の技術力は先進国のなかでも抜きんでている。それがなぜ、地方レベルでは生かされないのか。

ほかにも英国で考えさせられたものがある。まずひとつは、テムズ川の河口に設けられた氾濫防止のための防壁「テムズ・バリア」だ。妙なかっこうの鉄塔が川を横切る形で並んでいる。まるでSFマンガのひとコマみたいな光景だ。塔の中には大きな水車とピストンがあって、普段はコンクリートの重しで川底に沈めてある巨大な鉄の扉を動かすのだ。

もしも、北海に氾濫の恐れがあれば、この扉がはね上がり、水の流れを食い止める。過去の歴史を見ても、北海は氾濫をくり返しているからだ。必要のないときには、さっきもいったとおり、扉は川底に沈み、川の交通や流れ、潮流を阻害することはない。こうして、生態系にはほとんど影響を与えることなく、ロンドンを水害から守っているのだ。

この防壁は〝世界第八番目の不思議〟と讃えられている。実際、その名にたがわず、土木工事のすばらしき所産なのだ。テムズ川の氾濫は深刻な問題であり、そのうえ、イングランド南部がごくゆっくりと、だが確実に沈下していく一方で、北部は隆起するという現象が事態をさらに深刻なものにしている。科学者たちは、イングランド南部の沈下は氷河期の悪しき遺産だと説明する。氷河期には、巨大な氷の塊が北部を圧迫しており、その氷が溶けたいま、地殻がもとへ戻ろうと調整をしているというのだ。しかも、地球の温暖化により両極の氷原が溶け、水位が上がるとなると、脅威はさらに増大する。

心までもが壊されていく

前にもいったとおり、私は例の長良川のプロジェクトには反対だ。私ひとりが異を唱えたところでどうにもならないかもしれない。しかし今回、「テムズ・バリア」を目のあたりにして、さらにその思いは強まった。長良川に堰を築く必要などないし、かえって川の生態系にも悪影響を及ぼすに違いないと考えている。私は間違っているかもしれない。ただ、ここで、私が真剣に考えさせられた出来事をひとつ、ぜひとも話しておきたいと思う。

それは、ロンドンより下流のテムズ川流域は、上流に比べて見苦しかったということあだ。防壁の撮影の途中、クルーにあとを任せて私とマネージャーはあたりを散歩した。あのすばらしき技術の産物からほんの五分も歩くと、私たちは恐ろしく荒れた通りへ出た。そこらじゅうごみだらけで、マンホールのふたはなくなり、歩道に危なっかしい穴が開いている。家の窓は割られ、ごみや壊れた家具などが、庭に山積みにされたまま放置してあった。木も公園もなく、遊んでいる子供たちの姿も、イヌを連れて散歩する老人の姿もない。さまざまな人種の人間が、荒れ放題の建物に住んでいる。電気も水道も、下水すらないような建物に、だ。あたりには臭気が立ち込め、だれひとり手を振る者もなければ、あいさつをする者もいない。テムズ川を旅しているときに出会った愛想のよさとは大違いだ。

私たちは小さなパブを見つけて入った。昼どきで、店にはランチサービスもあるというのに、客は私たちふたりだけ。店の女性は、この町は荒れ果てている、と語った。かつて、防壁の建設中には、何千人という労働者があふれ、このパブもにぎわったという。しかし、いまでは潮が引くように人が去り、暮らし向きは悪くなるばかり。彼女はもっとましな暮らしを求めて、近々夫と田舎へ引っ込むつもりだ、と話していた。

防壁のところへ戻ったときには、ちょっと憂鬱な気分になっていた。

政府は派手なプロジェクトに巨額の予算を注ぎ込むこともできるし、ままそういうことをするものだ。しかし、いったん自然の美しさが損なわれてしまったら、町は荒れ、スラムになってしまうことさえあるのだ。

人が充実した人生を営むためには、まずそれにふさわしい清潔な、美しい環境が必要だ。趣味を楽しみ、親交を深めることができる環境、安心して暮らせる環境を確保しなければならない。もちろん、テムズ川流域にも、美しいところはたくさんある。木と花と人と、そしてあらゆる生命が息づく、安全で、楽しい憩いの場だ。しかし、そうしてここにとり残された地域があることも、忘れてはならない。

たしかに、英国政府は、技術の粋を集めたモニュメントの建設を成功させるだけの力をもっていた。実際、この防壁はおおいに役立ってもいる。しかし、政府と住民の双方が力を合わせて努力しなければ、スラム街の暮らしは、けっしてよくなることはないだろう。

こういう例はほかにもある。たとえ、荒れ果てた建物をブルドーザーでとり壊し、土を運んで木を植えても無駄なのだ。まともな暮らしができない人々の心は、どんどんすさんでいく。

とくに、若者はそうだ。彼らは鬱積《うっせき》した心のはけ口を求めて、木を掘り返し、噴水を壊し、公共施設を破壊していく。こうした野蛮ともいえる行動は周辺の地域にも広がっていく。ちょうど、グリニッジ公園のように。あそこの石碑は、まるで五十ミリ榴散弾で爆撃されたみたいに、めちゃめちゃに破壊されている。

ロンドンが抱えるもうひとつの大きな問題は、外国人を受け入れすぎて対処しきれなくなっていることだ。かつて、全世界の四分の一を植民地として支配下に置き、多くの約束をとり交わした英国の首都であるだけに、いたしかたのないことかもしれない。しかし、流入する外国人の多くはロンドンっ子がいやがる仕事を引き受け、結果として失業者がふえ、人種間の対立を生んでいる。これについては、さまざまな対策がとられているものの、人種間抗争は相変わらず毎日のように起きている。

さらに、もうひとつ。私は二度ばかり、強盗にナイフを突きつけられた経験があるが、その一回はロンドンでの出来事だった。どちらの場合も、けがをしたのは襲ったほうだったが、問題はそんなことじゃない。

自然を破壊することは、とりも直さず、人の心をも壊しているということだ。すさんだ環境が人のみにくい面を引きずり出し、そこには必ずといっていいほど、貧困がついて回る。そして、公共施設の破壊と暴力という、お決まりのコースだ。

もしも、日本政府が東京湾を見栄えのいい建物で埋めつづけ、外国人の不法入国が続くようなら、きっと東京にもスラムが出現し、暴力がはびこるようになるだろう。

そんなことを許してはならない。東京に清流をよみがえらせるのだ。そして、川岸に緑をとり戻そう。機械のためではなく、人を中心とした都市計画を、一からやり直すことだ。

とりあえず、私はこうして黒姫に戻り、幸せに過ごしている。明日にはまたこの家を離れ、屋久島に二、三日滞在しなければならないが、あそこの自然はすばらしいし、心やさしい人たちばかりだ。きっと心なごむひとときを過ごせることだろう。

また雨が降ってきた。庭にひと雨ほしいと思っていたところだ、ちょうどいい。鳥の声までが雨を喜び、はしゃいでいるように聞こえる。外では、五歳になる娘がカエルをつかまえて遊んでいる。いじめたりせずに、ちゃんと放してやるだろう。昨日のいまごろ、私たちは釣りを楽しみ、娘はなんとマスを五匹も釣り上げた。夕餉《ゆうげ》の食卓に見事なマスが並んだことは、いうまでもない。

ああ、よき人生かな。

一九九一年六月

トゥニラガは歌う

バンクーバーは雨の多いことで知られるが、こちらへ来てから十日あまり、まぶしいほどの晴天が続いている。私は西十二番街にある友人宅に世話になっているのだが、その友人は自宅からそう遠くないブリティッシュコロンビア大学で多年にわたり、下水処理や汚染監視、汚水によって増殖するバクテリアなどの研究を重ねている。

友人の名はフレッド・コーチ。環境保護局内の喫茶室で彼と出会ったのは、十五年も前のことになるだろうか。環境保護局のオフィスは、ちょうどライオンズ・ゲイト・ブリッジをはさんで、入江の向かい側にある。かのゴールデン・ゲイト・ブリッジと同じタイプの吊り橋で、カナダ第一の長さを誇る橋だ。

当時、私は環境保護局の技官として、石油の流出をはじめ、早急な対応を必要とする問題にとり組んでいた。フレッドは政府に依頼された研究に携わっていたのだが、当該部署には共通の友人がいた。同じく環境問題に打ち込むエンジニアで、疲れることを知らないひげ面の好漢、それがエイドリアン・ダンカンだった。

環境の保護および研究という仕事の面を抜きにしても、私たち三人には共通の趣味があった。その最たるものが音楽であり、歌だ。フレッドはアルバイトのバンドでベースを弾いており、音に対する感覚の鋭さには並々ならぬものがあった。エイドリアンに至っては、まさに天才。腕前は玄人はだしで、いくつものバンドと組んだことがあるし、そのなかにはかなり名の知れたバンドもあるほどだ。音楽家とエンジニア、どちらの道を歩むかで、きっとずいぶん思い悩んだことだろう。

フレッドいわく、エイドリアンは「ネズミ捕りのような」頭脳をもっているという。何事によらず、目の前に現れたものは素早くとり込み、けっして逃さない、というわけだ。まったく、彼みたいにたくさんの歌を覚えている男には、いまだかつて会ったことがない。なんと、十四年前に私が教えた日本語まで覚えているような男なのだ。おまけに、楽器をいじらせたらこれ以上の人物はいまい、という器用さ。実際に聞いただけでも、ペニー・ホイッスル（小さな六穴の横笛）、リコーダー、アコーディオン、クラシックギターにエレキギター、十二弦ギター、バンジョー、マンドリン、マンドーラ、リュート、バス、チューバ、ハーモニカ、バズーカ……と、驚くべき守備範囲の広さを誇る。このほかにも、ピアノはもちろん、まだいくつかはこなすに違いない。フレッドとエイドリアン、そして私の三人は、環境保護局の喫茶室に陣取り、歌をめぐる話に花を咲かせたものだった。当時、私は海洋博のため八ヵ月を過ごした沖縄から戻ったばかりで、例によって憑かれたように、英語に日本語、フランス語の三ヵ国語で歌を書きまくっていた。詞のほうが専門だが、二、三、曲を手がけたものもある。

トリオ・ザ・〝ウシガエル《ブルフロッグ》〟

つぎからつぎへと話が弾み、三人でデモ・テープを作ろうということになった。収録曲の大半は、私の作詞、それにエイドリアンと私の作曲という自作自演である。われわれは、近所にガレージを改造しただけの小さなスタジオを借り、早速テープを作った。このなかの二曲は、その後、徳間音工（現在の徳間ジャパン）でシングル・カットされた。ベテランディレクターのひとり、大熊さんが私たちの曲をとても気に入ってくれ、若手の〝翔んでる〟ディレクターたちのあいだからは反対の声が多く上がっていたにもかかわらず、半ば強引に話を進めてくれたおかげである。

この快挙に勇気百倍、われわれはさらに曲づくりに励み、フランス語の曲でカナダ放送協会に出演したり、いろんな集まりに出かけていっては演奏をした。たいていは私がボーカルを担当し、エイドリアンがバンドを率いる。ほんとうに、楽しい日々だった。やがて、フレッドと愛妻のマギー、エイドリアンをはじめとする友人たちは、小さくてもい い、自分たちだけの4トラック・スタジオをもとう、と思い立った。場所はブロードウェイ（まさに、お誂え向きの名前でしょう？）にあるギター・ショップの地下。運び込んだ機材は大半が中古品で、文字どおり手づくりのスタジオだった。われわれは、このスタジオを「ブルフロッグ（ウシガエル）・レコーディング」と命名した。

あれから早、十四年の歳月が流れた。私は小説『勇魚《いさな》』を書くために、一九七八年、ふたたび日本を訪れ、フレッドとエイドリアンは環境問題ととり組みつづけた。いまもフレッドは大学で研究に携わり、エイドリアンは政府機関で働いている。フレッドとマギーは、その後も夢を追いつづけ、ついには新しいスタジオまで造ってしまった。設備は初代とは比べものにならないほど本格的で充実しているが、和気あいあいとした雰囲気はいまも変わらない「ブルフロッグ」の伝統。これまで多くの音楽家――ことに、フォークやカントリーミュージックの音楽家たちの、貴重な受け皿となってきた。

じつをいえば、私自身、黒姫にレコーディング・スタジオを建てようかと、真剣に考えたことがある。妻のマリコも音楽家だからだ。一九八三年にはフレッド夫妻が日本を訪れ、一ヵ月に及ぶ滞在期間のほとんどを黒姫で過ごした。そのおりには、ふたりにもおおいに相談に乗ってもらったものだ。私はかなり本気だったし、その気持ちはいまも変わらない。しかし、録音技術は日進月歩、いや、時々刻々と進歩しつづけている。私にはとてもじゃないが、そうした設備を使いこなす自信はない。いや、理解することさえおぼつかないのではないだろうか。そう考えた結果、私は曲づくりに専念し、ナチュラリストとしての道に邁進《まいしん》しようと腹を決めたのだ。もちろん、歌を聴きたい、歌いたい、作りたいという思いだけは、かたときも変わることなくこの胸の内に、深く息づいているのだけれど。

お察しのとおり、黒姫のわが家には音楽が絶えない。それもこれも、この体を流れるウェールズの血のなせる業である。自分のことを歌手だなどとうぬぼれるつもりはないが、これでも子供のころには、ちゃんとしたボーカル・レッスンも受けたことがあるし、合唱団に入っていたときには週三回のレッスンをこなしていた。十一歳のとき、イギリス国営放送（BBC）にソロとして二度出演、一度など、高名な作曲家ベンジャミン・ブリテンや歌手のピーター・ピアーズと共演したこともある。ふたりは終生変わらぬ名コンビだった。

黒姫では四年ほど、クリスマスイヴの夜に聖歌隊を率いて家々を回ったこともある。これもまた楽しい思い出だ。一九七八年には『りんごの木にかくれんぼ』という曲を引っさげ、「ヤマハ・ポピュラーソング・コンテスト」に出場、あれよあれよというまに全国大会まで勝ち進み、第二位の栄誉に輝くという快挙を成し遂げてしまった。七〇年代、NHKの「みんなのうた」で、私の作詞、フレッドの作曲による『名もない湖』という歌が使われたほか、連続ホームドラマから衛星放送の番組まで、われわれの曲は幅広く使われてきた。もちろんこれまで、本気でソングライターをめざそうと思ったことも、ましてや歌手を志したこともない。だが、前にもいったとおり、歌はすでに私の生活の一部となっているのだ。外で仕事をするときも、ひとりカヤックを漕ぐときも、歌を口ずさまないときはない。気分がふさげば歌い、酔えば歌うというぐあいだ。ただし、カラオケだけは例外。まったく、あれほど忌むべきものもない。あんな騒音に耳を汚されるくらいなら、酒など飲まずにさっさと家へ帰ったほうがましだ。

トリオ復活！

それにしても、十四年ぶりに夢が実現しようとは、われながら驚いてしまう。今回カナダへ戻って来たのは、主としてふたつの理由があるのだが、そのうちのひとつが、なんと〝アルバム〟の製作なのだ。オリジナル十曲と民謡四曲、日本語と英語半分ずつという構成だ。

今回のプロジェクトが軌道に乗ったとき、「もしアルバムを作るなら、仲間と一緒にやりたい」と、私は申し出た。バンクーバーの、あのなつかしき「ブルフロッグ」でやりたいのだ、と。東芝ＥＭＩのプロデューサーの仙波さんと、スポンサーの高嶋さんは、この申し出を快くきいてくださった。高嶋さんとは、黒姫のわが家で自作の歌を披露したのがご縁で、今回のプロジェクト発足当初から、すっかりお世話になっている。

思いがけない朗報に、フレッドもマギーも喜んでくれた。エイドリアンなどは、いかなる策を弄《ろう》したものか、休暇をとって馳せ参じたのだ。あらゆる分野で活躍中の音楽仲間を集めてのレコーディングは六日間に及んだ。設立以来十四年、ブルフロッグ・スタジオでこれほど熱の入ったレコーディングが行われたことはなかっただろう。録音もようやく終わり、いよいよ最終段階へと突入。あとは、ミキシングを残すのみとなった。この作業には五日あまりかかる予定だ。じつにしんどい日々ではあったが、また、これほど楽しい日々もなかった。

電気的な楽器はいっさい使わず、シンセサイザーもなし。てっとり早いやり方とはあえて逆行する手づくりに徹した。全編アコースティックで、伴奏はクラシックギターにスティールストリングギター、マンドリン、マンドリナ、マンドーラ、バンジョー、バンジョーウクレレ、コントラバス、弦楽四重奏団、フルート、リュート、ピッコロ、オーボエ、ソプラノサキソフォン、フレンチホルン、バスーン、ピアノ、ウッドンスプーン、ケルティックドラム、ケルティックハープ、その他、小さな打楽器類各種、さらにはシロイルカとアビの声がこれに華を添えた。

仙波さんと高嶋さん、それに私のマネージャーの森田女史は、朝の十時から夜の九時まで調整室に缶詰めになり、エイドリアンとフレッドに至っては、共同編曲者であるイアンとともに、深夜三時まで作業を続けることもたびたびだった。私は全曲のボーカルを受けもったが、その内容はといえば、格調高い歌から元気のいい子供の歌までと幅広く、おどけた漁師や鯨捕りの歌あり、中世初期のケルト民謡あり、もちろん静かなバラードやラブソングはいうまでもない。

今後、作業の大半は録音技師の手と耳に委ねられることになる。バートの孤軍奮闘はさぞかし見ものだろう。彼には、この仕事が終わったら、腹いっぱい寿司をおごってやると約束してある。なにしろ、バートときたら寿司に目がないのだ。あとしばらくしたら、われわれの音を閉じ込めた小さな魔法のテープDAT（デジタル・オーディオ・テープ）が東京へと渡り、アルバムはみずからの翼で羽ばたくことになるだろう。

それにつけても、人の縁《えにし》のなんと不思議なことか……十五年の友情が、こうして歌に結実するとは！

自分自身へ還る旅

私はまもなく、バフィン島へ向けて旅立つ予定だ。私のカヤックはフレッドの家の地下室に置いてもらってある。ダッフルバッグの中には、北極行のための衣服、寝るときに敷くカリブーの皮、ナイフ、それにノートが入っている。ここからパンナータングへと飛び、そこからはカヤックに乗り、ひとり旅を続けるつもりだ。おおよそ一ヵ月ほどの旅程を見込んでいる。危険を伴う孤独な単独行だが、そのなかで、この身にしみついた都会のアカを洗い流そうと思う。アルコール抜き、食料はもち込まず自然のなかから調達する。

これでライフルの使用でも許可されれば、食べ物にはまず不自由しないはず。それどころか、出発前よりも太らずに帰れるかどうかさえ疑問だ。

しかし、幸か不幸か、以前のように北極で自由に狩りをすることは許されない。今度の旅は、北極イワナとカジカ、クラム、ケルプをはじめとする北極の〝山菜〟などでしのぐことになる。一日五時間ばかりカヤックを漕ぎ、最低二時間は大地を歩くつもりだ。そこには音楽もなければ友もいない。だが、極北の地に生きる動物や鳥たちが孤独を癒してくれるだろう。水や風の音に耳を傾けることもできれば、もちろん自分で歌うことだってできるのだ。どうしてわざわざそんなところへ行くのか――そう問われても、わからない人には説明のしようがない。私の周りの人たちは、みな、わかってくれている。たしかに、厳しい旅にはなるだろうが、ここまで自然と身近に接することができるのは、やはりかけがえのない喜びなのである。

バフィン島は日本よりもずっと広い。だが、人口はわずか九千足らずだ。何千年もの昔から、この極北の群島にはイヌイットたちが、その前には伝説に名を残すチュニットたちが住んでいた。彼らは自然の声を聞き、超自然の力ともうまく調和をはかりながら暮らしていたのだ。

北の人々のあいだに入り込んだ現代生活の弊害については前にも書いたことがあるが、

バフィン島へ戻り、その荒涼たる大地を目のあたりにすると、そうした問題など風にかき消されてしまうかに思われる。

私が初めて北極を訪れたのは一九五八年、まだ十七歳のときだ。そして、バフィン島を知ったのが一九六六年。私の目に北極は、不思議な力の宿る、聖なる地として映った。そこには、われわれのいう〝自然〟と〝超自然〟とのあいだになんの境も壁もない。そのなかでは、だれしも一個の人間に戻るのだ。この地に生きる獣よりほかに、私を知る者はいない。人為的な、お仕着せの〝肩書き〟など、すべてとり払われてしまう。作家、ナチュラリスト、空手家、〝タレント〟、歌手、夫、父親、兄、友人、頭のイカれたケルト人、黒姫の赤鬼——世間に知られた顔をひとつずつとりはずし、私は私自身に還っていく。

カヤックを操り、ちっぽけなテントのかたわらで背を丸めて、熱い紅茶をふうふう冷ましながら、魚や海藻をゆでる。そこにはひとりの淋しい中年男がいるだけだ。テントのなかでひっくり返り、疲れきって眠る夜もあるだろう。悪天候に見舞われたり、不漁が続けば、何日も食うや食わずで過ごさねばならない。飢えにさいなまれた意識の底を、夢は縦横無尽に駆けめぐる。不思議な声がこの耳を打ち、極限状態のなかで目に映る光景……あれはすべて幻想なのだろうか?

イヌイットの友人であるライパは、昨年、私に〝北の名前〟を授けてくれた。〝スマイリング・ボーイ〟（ほほ笑む少年）に始まった私の北の名前も、これが最後のものになるだろうという。もう遠い、遠い昔のことだ。いまの私は、さしずめ〝にたにた爺〟というところか。これまでにいくつかの名前を授けてもらってきたが、最後の名は〝トゥニラガ〟——北の地に帰ってきた、老いた強者《つわもの》……。
その名にふさわしくありたいと思う。

やがて、宴も終わり……

旧友たちと何年かぶりの再会を果たし、ともに歌を作るという楽しいひとときを過ごすことができた。脳裏によみがえる記憶はなぜか、楽しい思い出ばかり。根っからの人間好きとしては、ついつい時が止まってくれればよいのにと、たわいもない夢を見てしまう。幸せな時がこのまま永遠に続けばいい、と。過去と未来とを意のままにし、この手のなかから愛しいものたちがなにひとつ、だれひとり、去らないように。
しかし、悲しいかな、人はひと所にとどまることを許されない。現在《いま》という時を愛してやまないのに、私たち人間は変わっていく運命《さだめ》から逃れることができない。歌にもあるように、虹を見るためには雨が降らねばならない、谷がなければ山の頂きを極めることもできないのだ。

　フレッドの髭には白いものが混じっていたが、瞳の輝きはいまも少しも変わらない。エイドリアンは道化師の帽子の蒐集が趣味だったが、その趣味もいまのほうがしっくりくる。若い時分に比べるとだいぶやせはしたが、行動力にかげりは見えず、音楽の腕前など、十四年の歳月を経てさらに磨きがかかったくらいだ。

　まもなく、楽しいひとときが終わろうとしている。われわれ三人は、とうとう自分たちのアルバムを作った。やろうやろうといいながら果たせずにいた夢が、ついに実現したのだ。しかし、楽しい時間もやがては彼方へと去る。人は時として、よき思い出とも訣別しなければならないのだ。私にとって、それができるのは厳しい自然の懐以外にはない。

愚かなる構図

　極北の地で、きっと私はアファンの森を思い、黒姫のわが家や友人たち、そしてかわいい二頭のアイリッシュ・セッターを思い出しては淋しさにさいなまれることだろう。だが、怒りと悲しみだけは引きずりたくない。オリンピック委員会が冬季五輪を長野で開催すると発表したときには、私は腹が立ってたまらなかった。巷《ちまた》からは、巨額の金が陰で動いたという噂が聞こえてくる。これでまたひとつ、私のこよなく愛する自然と文化とを踏みにじる口実ができたわけだ。長野の美しい自然を愛すればこそ、世界のなかからこの地を、終《つい》の住処《すみか》に定めたというのに。

こちらへ発つ前に、とある東京の有名ホテルで目にした光景を、私は忘れることができない。あらゆる分野のエリートたちが利用する国際的なホテルである。そこでいわゆる〝ヤクザ〟の組長が、二十人を超す子分を引きつれ、ダークスーツをきちんと着こなした紳士風の方々と談笑していたのだ。紳士たるもの、己れの立場をわきまえ、断じて、裏の世界と通じるようなことがあってはならない。念のため申し添えれば、個人的には〝ヤクザ〟は嫌いでもなんでもない。むしろ、ある種の敬意さえ感じているが、カタギの人間とつき合うことには賛成しかねる。

いまや日本の権力者たちの腐敗は凄まじく、その厚顔無恥ぶりは目をおおうばかりである。リゾート開発、産業廃棄物の不法投棄、法の網をかいくぐってありとあらゆる自然破壊が行われている。美しい自然のなかに有害物質をまき散らし、自分たちの住む国を汚しつづけているのだ。こんな、自殺行為以外の何物でもないことを公然と、裏の世界と結託してやってのけるとは。まともな人間なら、暴力団に対しては脅威を感じて然るべきではないか。ところが、この国にあっては、そのおっかない面々と、国を代表すべき政治家や、地方自治体の役人までがつるんでいる。建設業界や開発事業のお偉方、また然りである。もちろん、日本にも心ある人たちは大勢いる。高潔で、勇気もあり、先見の明や人間らしい感情をもち合わせた人だって数えきれないほどいるだろう。ただ、悲しいかな、そうした人たちは〝権力〟とは無縁のところで生きているのだ。

オリンピック開催に当たっては、開発に名を借りた大規模な環境破壊が行われることだろう。発展とはうわべばかりで、結局、うまい汁を吸うのはひと握りの強い立場の人間だけ、というお決まりの結末が待っている。

しばらくは、そうした怒りや感情の高ぶりを忘れていたい。だが、それが〝神〟の意に添うものならば、日本の地に戻り、ふたたび権力の足もとから、反対を叫びつづけよう。そして、許されるかぎり、愛する家族や友人たちと時をわかち合い、歌いつづけていくつもりだ。

一九九一年七月　バンクーバーにて

追伸

さて、次回の手紙はどうやって日本に届ければいいものか。

まあ、できるかぎりの手は打ってみるつもりだがね……。

風とフィヨルドの島で

今回も、黒姫ならぬ、カナダのバフィン島はパンナータングからの手紙だ。風がうなりを上げ、フィヨルドでは波が白く砕け散る。道なき道に舞い上がる土煙。紙切れやビニールのごみが転がっていく光景は、まるで西部の荒野を草が舞う、映画の一シーンでも見るようだ。山頂を見上げれば、雲は魚のごとき勢いでスイスイと流れ、カモメたちは浜でじっとしている。こんな日に、カヤックで海へ出るのは無謀すぎる。というわけで、私はこの小さな村を歩き回ったり、浜辺をうろついたり、はたまた友人マイクの家で、なす術もなく無聊《ぶりょう》をかこっている。極北の地でこういう天気に見舞われると、人はなんともいえない退屈の虫にとりつかれるものらしい。

しかし、夜ともなれば、フィヨルドの景観はすばらしいの一語につきる。ことに、十二時を回って何時間かたったころ、夜と朝とがひとつに溶け合う時刻は最高だ。金と銀とに彩られ、空の青が少しずつ明るさを増していくさまは、地衣類におおわれたツンドラを思わせる。

淋しさは心のなかに

私はカナダのモントリオールから、この村に入った。荷物はリュックにカヤック、それからブリーフケースがひとつ。本にノート、パスポート、領収証などのほか、都会の名残のがらくたがぎっしり詰まっている。いよいよ自然の懐へと旅立つときには、すべて置いていくつもりだ。この村を最後に、生活のにおいはいっさいなくなる。人家も空港も、店もオフィスも、診療所に学校、発電所、有線テレビもなにもかも……まさに、生のままの自然が待っているのだ。

バフィン島は日本列島を全部合わせたよりも広いが、人口は、私のような短期滞在者を別にすれば、わずか九千人前後。まさに、未開の地だ。だが、私はここを〝荒野《ワイルド》〟といいはしても、「だから淋しい」とはいわない。〝孤独〟とは人の心の内にあるものだからだ。

この原野にたったひとりでいる私よりも、ずっと淋しい人たちが世のなかにはたくさんいる。

パンナータングには千五百人前後の人が住んでいるし、私はちっとも淋しいとは思わない。ここには、一九六六年以来のつき合いになるイヌイットの友人たちもいる。なによりほんの一年前にも、ここで三ヵ月ほど過ごしたばかりなのだ。

パンナータングでは、アイルランド人の友人マイケル・マーフィーの家に世話になった。奥さんのジーンはイヌイットである。ふたりのあいだには、つい先日、赤ちゃんが誕生したばかりだ。カナダ自治記念日である七月一日に生を受けた彼女の名は、メガン・メアリー・マーフィー。私は血はつながっていないけれども、自分では伯父さんのつもりだ。ちっちゃな体を、またこの腕に抱くことがあろうとは感無量――両親からイヌイットとアイルランド双方の血を受け継ぐメガンは、二十歳のころにはさぞかし美しい娘になることだろう。

イヌイットの人々は、忘れ去られたアジアの民なのだ。彼らの祖先は遥か東方をめざして旅を続け、ついには大西洋に浮かぶグリーンランドへとたどりついた。

かつて、航海華やかなりしころ、このあたりの海は巨大なセミクジラや北極クジラの捕鯨がさかんだった。当時のスコットランド人の船乗りや鯨捕りたちの多くは、紅茶をはじめ、煙草を吸うこと、バノックと呼ばれるイーストなしで作る大麦パンを食べること、ジグというダンスを踊ることなど、さまざまな習慣をこの地にもたらしたが、もうひとつ、彼らの大切な遺産、それは〝子供たち〟だった。大古より、ケルトとバイキングの民は西へ西へと旅をしてきた。一方、イヌイットたちは東へと向かう。そしてついに、ふたつの文化は出会い、みごとに溶け合った。そう、ちょうどマイクとジーンのように。

カンバーランド・サウンドの人々は、他に類を見ない人たちだ。鯨捕り、旅人、漁師、彫刻家……だれもが古くからの伝統と現代的手法の両方を、なんの苦もなくとり入れている。彼らは先祖の血を誇りとし、その多くは先祖と同じ「イヌイット」の名で呼ばれることを望んでいる。彼らにとって「エスキモー」というのは蔑称にほかならず、忌むべき名前以外の何物でもない。「インディアン」というのも、感情的ふくみはないものの、明らかな間違いなのだ。だが、原住民と呼ばれる人々の例にもれず、彼らもまた〝近代化〟のもたらした深刻な問題を抱えている。

パンナータングでは、五年前から「禁酒」となっている。アルコールを所持していただけで、初犯でも四百ドルの罰金を科せられるという厳しさだ。それというのも、北方の集落のほとんどが「アルコール中毒」に苦慮しているためである。一見いかにものどかなこのパンナータングでも、じつにさまざまな問題に直面しているのだ。アルコール中毒のほかにも、麻薬にシンナー遊び、接着剤のトルエンだけではすまずにガソリンやはてはプロパンガスにまで手を出す輩もいる。その結果、死亡する者があとを絶たないのが現状だ。

友人のマイクはこの地に腰を据えて十七年になるが、私は彼とは違い、集落で暮らすことはできそうもない。これまで何度となく極北の地を訪れてきたが、きまって集落を避け、大自然のただなかに身を浸してきたものだ。もっとも、集落とはいっても、現代生活のなかにあってはこれ以上はないほど、簡素をきわめた暮らしなのだが。とはいえ、パンナータングを訪れ、旧知の友人たちに迎えられると、なんとも心温まる思いがする。この旅の終わりに、厳しい自然のなかから立ち戻った私を、きっと変わらぬ温もりが待っていてくれることだろう。

この風さえ止めば。

風のうなりに耳を傾けていると、黒姫がいかに穏やかな土地であるかをあらためて思い知らされる感じだ。こんなふうに風が吹きすさぶことなど、めったにないのだから。イヌイットの友人ジョアヴィーは、遠征の準備にかけてはほかに並ぶ者のいない、もっとも信頼のおける旅行用品商だ、と思っている。ガイドとしても最高の男だ。そのジョアヴィーがキングナート・フィヨルドから戻って来て、海が荒れている、波がものすごく高い、という。なんとかカンバーランド・サウンドからネティリング・エリアまで連れていってくはもらえないか、と期待していたのだが。

ネティリング・エリアは小さな入江に何百という島々が集まる、海の迷宮だ。しかし、ジョアヴィーは、いいモーターボートをもっているのだ。こんなときに海峡をカヤックなどで渡ろうとすれば、死にに行くようなもの。潮位十二メートルの海が激しい風にぶつかると、波は行く手をさえぎる兵士のごとく、眼前に立ちはだかるのだ。その圧倒的な力の前には、小さなカヤックなどブリキの空き缶にも等しい。あっという間にひっくり返され、摂氏零度の冷たい水のなかへたたき込まれたら、せいぜいもって五分の命だろう。

それがわかっていても、早く出発したくてうずうずしているのだ。そこへ、若きイヌイットの友人であるシミオネーの登場だ。彼はすっかり昔ながらのやり方に魅せられ、カヤックで旅をするつもりだという。そういうことであれば、島に渡ったら、共同でベースキャンプを張り、そこからそれぞれの探検に向かえばいい。イヌイットであるシミオネーにはライフルによる猟が許されている。これで北極イワナばかりじゃなく、アザラシやカリブーの肉も味わえそうだ。それにしてもなんという風。まったく、淋しい、悲しいといって吠えつづけるイヌみたいじゃないか！

敵は自分の心

　北極ガラスが一羽、崖の上を気流にのって舞っている。その姿に、マイクが作った新しいテープのことを思い出した。『北極ガラス——北のオデッセイ』と題されたテープには、歌と詩の朗読とが収められている。いずれも彼のオリジナルで、北部の方言を用いている。昨年暮れに、モントリオールで録音されたものだ。この歌と詩もまた、われわれケルト人に共通の遺産なのである。

　われわれケルト人を称して、「神に狂気の血を与えられた民族だ。嬉々として戦争をしながら、悲しい歌ばかりを歌う」と書いた人がいた。たしかに、哀切な歌は多い。勇敢に闘うことをよしとするのも事実だ。しかし、「嬉々として戦争をした」ことなどは断じてない、と反論したい。

　北極にいるあいだ、私の気分は上がったり、下がったりと忙しい。いまみたいに、ひたすら待つしかないようなときには、精神的冬眠ともいうべき、ひどい虚無感にとらわれてしまう。かと思えば、いよいよ冒険へのり出そうというときには、春を迎えた雄のケワタガモよろしく鬨《とき》の声のひとつも上げたくなるほど、気分は高揚する。

そして、甘美な、胸の痛くなるほどの哀惜の念。古い墓石やキャンプ跡には、動物のみならず人の骨も散らばっている。そうした光景を目にするたび、人生とはまさに〝ダアカリキタア〟——蝶——のごとくはかないもの、一瞬のうちに過ぎ去る幻、と思い知らされる。そんなときには、ひたすら周りの音に耳を澄まし、感じ、目を凝らすのだ。そして、記憶の糸をたぐり、いろいろなことをとめどもなく考えつづける。クマの牙のように、鋭く連なる山頂。険しい崖。そのうえを、雲は休むまもなく流れ去っていく。私の思いもまた、その雲と同じように、心の内にとどまることなく、つぎつぎと浮かんでは消えていくのだ。

こういう気分のときに、うっかり針にかかった北極イワナのことだとか、銛に打たれたアザラシのことなど思い出そうものなら、またひとしきり胸の痛みと闘うはめになる。私はスポーツとしての釣りはやらない。あくまでも、捕らえて、殺し、食べるために釣る。そこでは、殺された魚に思いを馳せることもない。これもまた私自身がもつ、もうひとつの顔なのだ。

それは、〝思い〟についても同じことがいえる。

たったひとりで旅をする場合、感傷や思い出は手ごわい〝敵〟になる。そうとも、風よりも波よりも危険な相手、それは自分の心だ。万力で締めつけられるような冷たい水も、突然押し戻される氷も、ほんとうの敵ではない。闘わねばならない相手、それはみずからの心の動揺なのだ。

大自然のただなかにいると、この動揺がはっきりと感じられるようになる。文明のなかにいてはむずかしいことだろう。都会では風を感じることはおろか、風に流され形を変えていく雲を見ることさえ容易ではない。それと同じことだ。雨の矢は窓ガラスを打ちはしても、人の頬を伝いはしない。それどころか、都会に暮らしていると雨音すら聞こえないことも珍しくはないのだ。しかし、ここでは雪が降る音まで聞こえる。雪が降ってくる前に、ああ、雪になるな、とにおいでわかるのだ。

思いや記憶をすべて振りきるというのは、つらく苦しいことだ。玉ネギの皮を剝ぐように、ひとつひとつ自分の〝顔《アイデンティティー》〟が剝ぎとられていくのだから。そして、最後に〝個〟としての自分と向き合うことになる。みずからをとり巻く自然の生物たちによって、自分が生かされているのだということを、まざまざと思い知らされるのだ。鳥に動物、植物、岩、湖、海、小川、風……すべてのものが、私という存在を知っている。そこで、私のなかのなにかがささやく。たしかに私は行きすぎる影にすぎないかもしれない……はかない蝶のようなものかもしれない。しかし、たとえひとときにせよ、私はたしかに存在しているのだ、と。自然が私を生かしてくれる。うれしくもあり、哀しくもあり、思いは複雑だ。

わかってもらえるだろうか？　思いが自分の愛する者、かつて愛した者たちへと及んだとき、心の痛みは想像を絶するものがある。愛する者たちもまた、はかなく行きすぎる運命のもとにあるのだと、そう思い知るときのつらさ。まだ白い毛におおわれた子どもを連れた母アザラシや、クジラはどうだろう？　人と同じように愛を感じることはないのだろうか？　いや、彼らとて思いは同じなのだ。だが、アザラシやクジラは人間には勝てない。その運命も、消し去ることのできない恐れも、すべて受け入れて彼らは生きている。思えば生きることのなんと切ないことか。

今回パンナータングに入った最初の夜、ちょうどグリーンランドから芸人の一座が来ていた。出しものは、魔女と呪術師《シャーマン》との闘いを描いた芝居で、まずはじめに魔女が妖術を使ってアザラシの死骸から悪霊を呼び出す。魔女はこの悪霊と通じて、呪術師をとり殺そうとする。一方、ドラムの音に合わせて踊る呪術師は、みずからの守護霊である動物の精霊を呼び出し、魔女を打ち破る。最後は、呪術師によって呼び出された〝顔〟が魔女と悪霊とを退治するところで芝居は終わるのだが、この〝顔〟というのが、ばらばらに離れたり、またひとつに戻ったりするものだった。考えてみてほしい。これこそまさしく、呪術師の姿ではないか。呪術師とは、自然のなかに息づく精霊から力を得る者。己れの「内なる自我」と「外面的な自我」とを自在に操ることのできる者。ときにカラスに、ときにオオカミにと、変幻自在に姿をかえ、自然のなかに、みずからを消し去ることも、また見出すこともできるものなのだ。

風には気のすむまで吠えさせてやればいい。己れを悼み、山々を悼んで泣くがいい。私への哀悼の歌ならいらぬお世話だ。私なら、とことん待つ覚悟はできている。

仮面をはずすとき

昨夜は私が夕食を作った。アザラシの肉を玉ネギと一緒に揚げたものに、脂ののった新鮮な北極イワナ。おいしい夕餉に舌鼓を打ったあとは、午前五時まで夜なべをした。この手紙を書き上げるためだ。

実際、『黒姫通信』と銘打ってはいるものの、それを書いている男はほとんど黒姫にいる暇もないありさまだ。いつの間にかふえてしまったいくつもの〝顔〟を一度すべて白紙に戻して、こちらにいるあいだだけでも素《す》の自分に還りたい、と思っている。

呪術師役の男性は、上半身裸でアザラシ皮のズボンだけを身につけていた。激しくドラムを打ち鳴らし、身をのけぞらせて声高に歌う。他のメンバーはみな、仮面をつけてその周りをとり囲み、私の耳には大はしゃぎで叫び、笑っているように聞こえた。「そうだ、そうとも、そのとおりだ！　ずっとそうだったんだ！」喉もとまで出かかったが、その必要もなかった。パンナータングのごく幼い子供たちは泣いていた……少し大きい者たちは、恐ろしさに興奮して笑いともつかぬキーキー声を上げ、大人たちは笑っていたと思う。本物の自然を知っている者には、みな、わかるのだ。

いまから二十五年前、私はやはりこのパンナータングを訪れた。そのおり、カリブー皮のアノラックを着込み、ゴリラのマスクをすっぽりかぶると、奇妙な声を出し、おどけたかっこうで人々を追い回したことがあった。それはただの遊びだったし、本気でだれかを捕まえる気なんぞなかった。逃げ回った人たちにしても、ゴリラ男の正体は私だと、みな、知っていた。百人を超す人たちがキーキーワーワーわめきながら、逃げたり隠れたり、さんざんふざけていたのだ。ところが、ふいに、その人たちをある感情がとらえた。言葉にならない原初的な恐怖に駆られて、若い猟師たちはいっせいに、私に向かって石を投げはじめた。私が素早くゴリラのマスクをはずしていなかったら、大けがを負わされていたかもしれない。マスクをとったとたん、みながどっと駆け寄り、私をとり囲んで笑いながら、もう一度そいつをかぶれという。だが、私としては、ゴリラになるのはもうまっぴらだった。

あの出来事を、いまでも忘れることができない。なんとも象徴的な一瞬だった。人間がそのまま仮面の表すものにすり替わる。それも、人間の内にある精神が暴走しさえしなければ問題はない。必要が生じたときには仮面をとりさえすればいいのだ。

人はだれしも、仮面をはずす瞬間が必要なのではないだろうか。ある日、どこかで――あるいは、死の瞬間、人は素に戻って土に還っていくのかもしれない。

青空を雲が流れ、風は飽きもせずに吠えつづけている。

一九九一年七月　バフィン島パンナータングにて

私のリハビリテーション

ようやく黒姫に戻り、自分の机でこの手紙を書いている。まだ暑いが、聞こえてくる川のせせらぎは涼しげで、目に映るものすべてが瑞々しい緑に輝いている。今回の旅では二ヵ月半近く家を空けたことになるが、やっぱりわが家はいいものだ。

カナダのバフィン島を発ったあと、私はモントリオールで二晩を過ごし、「オールド・ダブリン・パブ」で久々のギネスビールやアイリッシュ・ウイスキーを味わった。その後、バンクーバーで二泊、さらに水上機で、友人夫妻の待つ島へと飛んだ。作家であり、私にとっては年来の友人でもある森瑤子さんと、英国人のご主人は、バンクーバーから空路十数分のところに島をもっておられるのだ。まるまるひと月、他人との交渉をいっさい断って、大自然のなかで暮らしてきた身。もとの文明社会へ戻るにも、少しずつ慣らしていかねばならない。その意味では、まさに願ってもない環境。暖かい陽ざしを浴び、鳥やアザラシたちの姿をながめる。気がむけばきれいなプールで泳ぎ、よき友人と、すばらしい食事、音楽、そして穏やかなひとときをわかち合う。社会復帰に先駆けて、これ以上の環境があるだろうか。

コンサートの夜

八月二十五日、私は友人たちとともに、テレビ番組でコンサートを行い、全二十六曲を歌い上げた。少年のころにはソロで歌った経験もあるが、せいぜい一、二曲程度だったし、一九七八年にヤマハのポプコンに出場したときも、やはり一曲のみ。加藤登紀子さん、岡林信康さん、ムツゴローこと畑正憲さんなど、友人のコンサートにゲスト出演したことなら何度かあるが、自分でコンサートをやるのは生まれて初めての経験だ。

「ソングス・アンド・ライタース」という一時間ものの、バンクーバーのレギュラー番組だったが、当の私たちにとっては、北極単独行からの無事生還を喜び、われわれのアルバムの完成を祝う、いわばパーティのようなもの。実際、今回のレコーディングは私がバフィン島へ旅立つ直前までかかり、まさにすべり込みセーフだったのだ。とはいえ、いざステージに上がってみると、すっかりあがってしまった。たったひとりで一ヵ月を過ごしたあとだけに、大勢の聴衆とカメラを前にして歌うことは緊張以外の何物でもない。しかし、歌が始まり、聴衆が笑い、ときに涙する姿を見ているうちには気持ちも落ち着き、客席のなかにいくつもなつかしい顔があることに気づくと、すっかり心がほぐれて、歌うことが楽しくてたまらなくなっていた。いまでは、つぎの機会を心待ちにしているほどだ。来年あたり、できれば二、三回、日本でもぜひやりたいと思っている。

今回のメンバーは、マルチ楽器プレーヤーのエイドリアンを筆頭に、デニス、マーク、ゲイリーと、いずれ劣らぬ名手ばかり。

ゲイリーはドラマーで、今回は主に「ボドラン」と呼ばれるケルト独特のドラムを担当してもらった。彼もまた、ウッドンスプーンや種々のパーカッションを操る名プレーヤーである。マークはコントラバスを、弓と指とを使ってみごとに弾いてくれた。そして、「ヴィクトリア音楽管理委員会」の責任者でもあるデニスは、リュートとギター、それにケルティックハープを受けもってくれた。

コンサートは七時半に始まり、深夜の十一時に終演。この長丁場を、私はたったのビール一本とウイスキー一杯でのりきった。これはまさしく、北極での訓練の賜物である。以前の私なら、一曲終わるごとにウイスキー一杯ということにもなりかねない。そんな調子でやっていたら、二十六曲歌いきるころにはスツールにでも腰を下ろさないかぎり、ステージにへたり込んでしまっただろう。

傷ついていたアファン

明くる朝、私はまた水上機をチャーターして、ソルトスプリング島に住む知人を訪ねた。その知人は、野生動物を描かせたら、カナダ随一の画家である。そこでひとときを過ごし、乗りつけた機でとって返すと、カナダ太平洋航空の003便に乗り継いで、ようやく日本への帰途についた。

今朝はいちばんに、松木さんや助手の哲也君、テレビ関係の友だち数人と連れ立って、わが家の森を見にいった。北極の荒涼たる原野を見慣れた目には、アファンの緑がやけにいきいきと輝いて見える。しかし、この森をめぐって、いくつか悲しい出来事もあった。

じつは、先だって、泉の水質の入念な検査を行ったのだ。もちろん、有害なバクテリアなどいるはずがない、小さな子供でも安心して飲めるだろうと、そう信じていた。ところが、いざふたをあけてみると私たちの期待を裏切る結果となった。鉄分の値がいくぶん高めなのは驚くには当たらないし、充分飲用にも耐える。ショックだったのは、水のなかから微量ながらシアン化物が検出されたことだ。十中八九、過去に散布された化学薬品や、除草剤、殺虫剤の影響だと思うが、いずれ原因は究明しなければならないだろう。

いまはただ、松木さんの言葉をそのままくり返すしかない。「この泉の水まで汚染されているとしたら、日本中の水はさぞかしひどい状態にあるだろう」と。私たちの住まいより奥には、この森に住む人はいない。これほど汚染源のない環境でさえ有害物質が検出されたとなれば、あとはおのずと察しがつく。それでも念のため、今年中に黒姫の水道水や他の泉の水質も、調べてみたいと思っている。

アファンの泉から検出されたシアン化物は、先ほどもいったとおりごく微量で、理論上は無害と考えられる。だが、私にとっては、そんなものが混じっていたという事実それ自体が、とてつもない衝撃だった。このぶんでは、ゴルフ場やスキー場の近くはもちろん、田畑周辺の水源だって、どんな状態にあることか。想像するだけで恐ろしい!

アファンがこうむった傷は、それだけにとどまらない。つぎなる加害者、それは森へ遊びにやって来るクマだった。松木さんは、養蜂のほかに、野生のハチの巣をふたつもっていた。どちらもミツや幼虫のどっさり詰まったものだ。ひとつは炭焼小屋の藁ぶき屋根の軒下に、もうひとつは薪と炭をしまっておく小屋にかかっていた。それをふたつとも、クマめが台無しにしてしまった。ハチミツがただの一滴も残っていなかったところを見ると、クマは甘いミツをたっぷりなめたに違いない。とはいえ、クマはしょせんクマ……。それよりも、心底許せないのは、われわれが観賞用にとゲストハウスの周りに配した石や低木を、トラックで乗りつけ、とっていく連中だ。これなど、ただの泥棒ではないか。

　私たちの苦心が実り、アファンには貴重な花や植物がいくつかよみがえった。なかには、私たちの手でふやしたものもある。ところが、泥棒たちの手から可憐な花を守るために、常時目を光らせていなければならない現状だ。英国では、美しい花であふれた森を心ゆくまで散歩することもできる。だれも野の花を手折ったりはしないし、万が一、そんなことをして捕まれば、きついおとがめが待っている。それにひきかえ日本では、登山者はなんのためらいもなく高山植物に手をかける。たとえ見つかったところで、その処罰はお話にならないくらい軽いものだからだ。

　だが、ここではそうはいかないぞ。もしも私が見つけたときは、その場で痛い目を見てもらうことになるだろう。警察に文句をいわれるのは覚悟のうえ、いっさいの責めはあとで甘んじて受けよう。それほどまで、この腹のなかは煮えくり返っているのだ。なぜ、自然をあるがままの姿で受け入れようとしないのか。どうして、おとなしく散歩を楽しむことができないのか。この森をここまでにするのにどれだけの苦労をしたか、それを考えたことがあるのだろうか。まず森を買い入れ、それを手入れするために、私は多大な費用と時間を費やしてきた。私や松木さんが額に汗して働いたことは、いうまでもない。こういってもまだ、植物や石を平気で盗んでいける泥棒がいるだろうか。

ほかにもまだ、アファンにナタをもち込み、命ある木を何本もたたき伐った者がいる。たぶん子供か若者のしわざだと思うが、どうしてそんなことをしたのか、とまどうばかりだ。黒姫の赤鬼は怒っているぞ、捕まらないよう用心することだ。

ごみを捨てる人間があとを絶たないのも、じつに悲しむべきことだ。空き缶や包装紙、ビニール、煙草の吸殻――この森は、そんなものを捨てるための場所じゃない。

以上のような理由から、森の入り口に鎖を張り、「立ち入り禁止」と大書した札を立てるのやむなきに至った。いずれは、車でも入れないようにするつもりだ。もちろん、できればこんなことはしたくないのだ。アファンを散歩したいと願う人はだれでも歓迎したい、その気持ちはいまも変わらない。泥棒や心ない破壊者、ごみをまき散らす人たち――そうした一部の不心得者が、真に自然を愛する人たちを巻き添えにしているのだ。

しかし、地元の人たちのなかには、これは私たちの罪だ、という者もいた。私たちが森を美しく生まれ変わらせ、歩きやすいよう散歩道を拓いたり、花や植物やキノコを育て、ふやしたからだという。雑草や低木は繁るにまかせて、通り道をふさいでしまえばいいと、そういうのだ。過密状態の森をそのままにして、木が共倒れになるのを見ていろというのか。あいにくだが、こういう考え方にはうなずけない。クマについては、さっきもいったとおり、あきらめるほかないだろう。ことのついで、森の番人《レンジャー》として採用できないものかと思案中だ。

北極式ダイエット

旅から戻った私を喜ばせようと、近所に住む小林さんが地蜂をもってきてくれた。不思議なもので、北極から戻って以来、南の食べ物がどうも口に合わない。魚や海藻、北極の植物、アザラシにカリブー――ひと月のあいだ、そんなものばかりを食べて過ごしたせいだろうか。プチトマトやキュウリ、ナスなど、わが家の庭でとれるものはすべて完全な無農薬野菜だ。ニワトリも放し飼いにしているおかげで、こくのある卵が食べられる。だが、肉だけは、いまだにまずくてしようがない。いまの私にとっては、神戸牛よりもハチの子のほうが、ずっとおいしいごちそうなのだ。

またもや北極に話を戻すと、今回の旅では〝食〟のあり方をあらためて考えさせられた。奢りを捨て、心を開いてのぞめば、自然はきっと応えてくれる。そう信じて、バフィン島にいるあいだは自然の与えてくれるものだけで過ごそうと、心に決めた。そして一ヵ月。出発前より体重は八キロ減ったが、体は引き締まり、力にあふれている。こちらからもっていったのは紅茶とハチミツだけ、あとはすべて現地調達だ。ベリー類や酸っぱいスイバ（ジンヨウスイバのこと）しか、食べずに過ごした日もあった。みんな、島を歩き回る途中で摘んだものだ。島々のあいだを流れる急流をカヤックで下りながら、海藻をとったりもした。水のなかから引き抜いた新鮮なものを、生のまま食べるのだ。ちょいと擬似餌《ルアー》をつけて糸を垂れれば、キングサーモンほどもある北極イワナが簡単に釣れる。それを海藻と一緒に煮込むと、こたえられない味だ。刺身にして食べてもいける。おろして天日で干せば、おいしい「ピチ」（乾物）の出来上がり。その身から、金色の卵、ビタミンをたっぷりふくんだレバーや心臓まで、これほど食べでのある魚もない。とにかく、バフィン島での一ヵ月、このイワナは私の主たるタンパク源だった。

イヌイットの青年、シミオネー・アカパリアリックもまた、昔ながらのやり方に魅せられたひとりだ。私たちは共同でベースキャンプを張り、そこを足場にそれぞれの探検へと向かった。シミオネーはライフルの携行を許されていたので、カヤックでの旅の途中、まだ若いワモンアザラシを一頭仕留めた。銃声を聞きつけた私も手を貸して、ふたりで獲物をキャンプまで運んだ。アザラシの肉を食べると、とたんに体が温かくなり、全身を熱い血の駆けめぐるのが感じられるほどだ。

シミオネーは、一緒に内陸まで足をのばしてカリブーを狩ろうという。そして、私たちは首尾よく、若い雄を一頭仕留めることができた。別行動をとる際には、それぞれ七、八十キロはあろうかという肉と枝角、心臓に肝臓、腎臓をわけ合った。ビロードのような産毛の袋に包まれた枝角のかけらはまだやわらかい。丈夫に育つようにと、子供にカリブーの袋角を与える、それがイヌイットの伝統だ。私もそれを食べてみた。なんとも形容しがたい味だったが、それから数時間は、たしかに体力も気力もよみがえった気がする。

食物には魂が、善なる力が秘められているに違いない。だが、有害な環境で育ったものや、不幸や悲嘆のなかで育てたものには、その力をはぐくむことができないのだ。自然の食物がいちばんだが、もし、人の手で育てるならば、愛情と思いやりをもって育てることだ。それが木だろうと、植物や動物だろうと同じこと。愛を注がれずに育ったものは、力になるどころか、毒素以外の何物でもなくなってしまう。口にするものはみな、やがてはあなたや家族の血となり、肉となるのだから。

食事についてのもうひとつの発見は、私たちの食生活が時間に縛られているということだった。北極で、時計をはずした私は、ほんとうにおなかがすいたときにだけ食事をとるようにした。日ごろは一日三度をあたりまえのように感じていたが、実際にやってみると、回数は確実に減った。それなのに、力が衰えるどころか、かえって調子がいい。食べたものの栄養分をほぼ完全に吸収するからだろう、便意を催すことは週に一度あるかなしか、便の量自体もネコのフンかと見紛うばかりの少なさだ。人工的な食品は意図的に排したが、ダイエットを意識したわけではなかった。ただ体がほんとうに欲するものだけを、それも大地や川が与えてくれるものだけをとるように心がけたことが、結果的にダイエットへつながったのだ。アザラシやカリブーのおかげで肉はたっぷりあったが、私の体はそれほど肉を必要とはしなかった。たまに、その味をじっくり味わうだけで充分だったのである。

都会にいると、私はついつい食べすぎてしまう。時間がくれば、空腹感とは関係なしに、なんとなく食べてしまうのだ。悪弊は断ち切ろうと思うのだが、ほかの人たちが食卓を囲んでいるのを見ると、こっちまでおなかがすいてくるから不思議なものだ。また、バフィン島での食事量が減った理由のひとつとして、めったに皿を使わなかったこともあげられると思う。大きな皿に料理を盛れば、どうしてもたくさん食べることになる。ダイエットをする際、小さな皿や小鉢を使うというのも、案外効果的な方法かもしれない。もうひとつは、あれもこれもと欲張らなかったことだろう。魚を食べ、魚の卵を食べて、つぎは海藻、おつぎはベリー、そしてスイバ、ヤナギランと、そんな調子で食べていたら、いやでも腹はふくれてしまう。食べるものなど、一、二種類もあればおつりがくる。魚と海藻。アザラシの肝とひとつかみのベリー。魚の卵とスイバ。このとり合わせで充分なのだ。

もちろん、きれいな水で入れた紅茶がまずかろうはずがない。ハチミツにも、白砂糖よりはるかに多くの栄養がある。飛行機の中で、うっかり紅茶に砂糖を入れて飲んだら、ほんとうに気分が悪くなってしまった。

失われていく味

現在、イヌイットのあいだではガンの発生率が飛躍的に高くなっている。かつては、この世にそんな病気のあることすら知らなかったというのに。それも、食生活を店で買ったものに頼るようになったせいだ、と私は思っている。

南部の動物保護団体がアザラシの皮の売買を禁じてしまったせいで、猟師たちは苦労してアザラシを捕らえても売ることができない。猟をすればするほど金は出ていくばかりという、なんとも皮肉な状況だ。結果的に、猟は、別に仕事をもち、経済的に余裕がある人間だけの特権となり、自然の恵みに浴するのはそうした裕福な家庭の人間のみに限られてしまった。職をもたない者は福祉に頼るほかはなく、缶詰や切りわけて売られる安物の肉を買うことになる。それでも、南方の都市に比べると、空輸の費用が上乗せされるぶん、割高なのだ。そうした家庭の子供たちは、アザラシの豊かな味も知らずに育つ。イヌイットを見れば、いまでも自然のものを食べている者とそうでない者との差は、ガンの発生率においても、体力の点でも歴然としている。

北極から戻ってもとの生活に慣れるまでには、十日ほどかかった。人込みや喧噪、都会のにおい、そして絶え間ない緊張感。それでも、出発前よりははるかに元気をとり戻したというのが、いまの私の実感だ。

黒姫で書きはじめた手紙を、いま、東京で締めくくろうとしている。娘の六歳の誕生日を祝うために、昨日、東京へ出て来たのだ。これを書き終えたら、列車に乗り、ふたたび黒姫の山懐へ帰ろうと思っている。庭のキュウリを二本ばかりもいで、冷たいところに味噌をつけて食べる。そいつを肴に、一杯やりたいものだ。森をぶらつき、空手の稽古をしたり、だれはばかることなく声を限りに歌うのもいいだろう。詩も書かねばならないし、木を間引く仕事も待っている。友人と会い、手紙の返事を書き、それこそやることはどっさりあるのだ。この季節、森も山も緑が息づき、虫の音や鳥の声が華を添える。この生命に満ちた自然のなかへと帰ることの喜びを、いま、しみじみと感じている。

一九九一年八月

縄文の魂よ、いまいずこ

鳥居川のせせらぎを聞きながら、わが家の書斎でひとり机に向かっている。こうした時間とも、当分はお別れだ。この手紙を書き終えたら、東京へと発たねばならない。そのあとには、日本各地を回る講演旅行が控えており、さらに足をのばして海外へと、予定が目白押しだ。また、ひと月ばかり家を空けることになるだろう。

今回の目的地はスコットランドと私の故郷のウェールズ。そこから黒姫へ帰るときには、三人の友人が一緒のはずだ。NHKの衛星放送に出演するため、はるばるカナダから、ここ黒姫へとやって来るのだ。フレッド、エイドリアン、デニス――先にバンクーバーでアルバムを吹き込んだときと同じ顔ぶれで、衛星放送に二日続けて出演する予定だ。いまからその日を心待ちにしている。もちろん、スコットランドやウェールズに行くこともおおいに楽しみではある。しかし、心のなかには、このまま黒姫にとどまり、わが家での穏やかなひとときを過ごしたいと願う、もうひとりの私がいる。

まだわが家に戻って一週間たらずだというのに、迎えた客人は十二名。地元の友人たちを別にして、この数だ。その間、まもなく出版される二冊の小説の翻訳原稿に目を通し、新たな作品をひとつ書き終え、テレビ番組用に大がかりな企画を二本考えた。気忙しさなどおよそ不似合いな場所にいてさえ、このありさまだ。われながら、いささか働きすぎだと認めざるをえない。

私もまた自然の一部

人はだれしも、ときに立ち止まって、みずからの心に問うことが必要なのではないだろうか。「自分はなんのためにここにいるのか。なぜ、こんなことをしているのか」と。

極北の地で、大地と海とが与えてくれるものだけを食べ、文字どおり〝ひとり〟になって過ごした一ヵ月、心の内に渦巻いていた多くの疑問に対する答えを見つけることができた。だが、同時に、それをはるかにしのぐ新たな問いを抱え込む結果ともなった。

そこであらためて感じたのは、私もまた自然の一部分にすぎないということ、そして、生きとし生けるもののなかで、人間はそれ以上でもそれ以下でもない存在だということだった。この世には、たしかに善と悪とが存在するけれども、私たちが善に向かって努力を続けるかぎり、みな、もっと幸せになれるし、さらなる充足感を得られるはずなのだ。

私が日本にいるのは、この国と、人々の心に深く根ざしたやさしさとを愛してやまないからだ。日本人の精神の源流を辿《たど》れば、それははるか昔の縄文時代にまでさかのぼるものと、私は考えている。日本のなかで、とくに黒姫を選んだのは、清流や森林、雪、クマ、この地に息づく生命のすべてを愛しているからなのだ。ここにいると、心の底からくつろぐことができる。私にとって、これほどほっとできる場所はほかにない。そして、松木さんのような林業のプロとめぐり合い、ともに働けることを、このうえなく名誉なことだと思っている。みずから「アファン」と名づけた森を、いま一度、もとの美しい姿へよみがえらせようというのだ。助手の哲也君のような、理想に燃え、聡明で高潔な志をもつ青年が、その夢を実現すべく、この地にとどまり私と一緒に頑張りたいといってくれることもまた、私の誇りとするところである。なんとかして、このささやかな土地に、永く息づく美しいものをひとつでも残していけたらと、願ってやまない。

もしもいま、この目を彼方へと向けたら、私はなにもかもいやになってしまうに違いない。絶え間なく続く森林破壊、なかでも妙高を越えたあたりのひどさには目をおおうものがある。いまに至っては、ここをひとつの境界線と考えるようになったが。私欲をむきだしにした悪質なやり方といい、見え透いたいい訳といい、これ以上人間の汚い面を目の前に見せつけられたら、すぐにでもこの地を捨て、北極で世捨て人として生きる道を選んでしまうだろう。

だからこそ、わずかでもいい、自分の手で黒姫の自然を守ろうと、私財を投じて買った土地がアファンの森だ。この先、もっともっと買いたいとも思っている。地元でも、私のやっていることに注目している人は大勢いるに違いない。その多くは、私の行為を打算によるものと思っていることだろう。わざわざ自分の金をつぎ込み、森を生まれ変わらせようと奮闘するのは、いずれはデベロッパーにその土地を売って、ひと財産作ろうという腹に違いない、と。しかし、私は財産など欲しくはない。ただ、この土地を守り、本来の美しさをとり戻してやるだけのお金さえあれば、それで充分なのだ。

もしも、クマ語が話せたら

アファンの森にクマがやって来て、大事にしていた野生のハチの巣をふたつとも、ごっそりさらっていった。ハチミツも幼虫も根こそぎやられたとわかったとき、私と松木さんは声を合わせて笑ったものだ。縄文時代のおおらかな笑い――。今回はわれわれの負けだ、潔くクマの勝利を讃えようじゃないか。ヤツの手の届かぬところにも、まだいくつも巣はあるのだから、とね。

むしろ、私が案じているのはクマの身の上だ。この調子でいったら、地元の人から苦情が出るのは目に見えている。「有害獣駆除」の許可が下りれば、クマは死刑を宣告されたも同然だ。もしも、この手に「ソロモン王の指輪」があったなら……動物と言葉を交わすことのできる不思議な力を秘めた指輪、それさえあれば、クマにいってやれるのに。「ここにいればいいさ。私たちの森にいろ、畑なんぞをうろつくんじゃないぞ。食べ物が足りないのなら、うちのをわけてやるから。ここにいろ、死ぬんじゃないぞ！」と。

だが、私にはクマに思いを伝える術はない。数年前、一頭の雌グマを守ろうとしたことがある。結局、二年ほど飼ったが、狭い鉄の檻に閉じ込めておくのはなんともしのびなかった。法律で定められている以上、そうするよりしかたなかったのだが。その後、雌グマは縁あって阿仁《あに》の熊公園へ引きとられていった。

聖人君子を気どるつもりはさらさらない。私自身も、私のたいせつな人たちもみな、自然から安らぎと活力とを得ていることが痛いほどわかっている、ただそれだけなのだ。新幹線がここまでのびたところでいいことなんてひとつもない。それどころか、オリンピック開催に至っては、禍《わざわい》以外の何物でもない。そんなものよりも、私にとってはアファンの森のほうがはるかに大事なのだ。心身の疲れを癒し、潤いを与え、新たな力を満たしてくれる。そのうえ、おいしい食べ物や友人との出会いまでもたらしてくれる。そんなものがいったいほかにあるだろうか。

ここへ入り込んで植物を盗んでいく不届き者がいるのは事実だが、そういう連中はせいぜい用心することだ。この私が本気で腹を立てたら、クマにも負けないくらいやっかいな相手だということを覚悟しておくがいい。とはいえ、こうした心ないことをするのは、ほんのひと握りの人間だ。たいていの人は、ここへ足を運び、私たちが働いているところを見れば、ちゃんとわかってくれる。

偉大なるアーティスト、ロバート・ベイツマン

ついひと月ほど前、バンクーバーを発つ日の朝に、私は志を同じくする人物と出会った。彼の名はロバート・ベイツマン、北米で野生動物を描かせたら右に出る者はいないといわれる画家だ。私は彼と話をするため、友人である弁護士のウィルフ・ウェイクリーと

ともに、水上機でロバートの住むソルトスプリング島へと飛んだ。彼こそは、真の芸術家の名にふさわしい、偉大な人物といえるだろう。

ある製材会社がガリアノ島の天然林を伐採しようとしていることを知ったロバートは、その土地を買いとり、森林保護のために心ある人々の手に委ねた。しかも、それ一度きりではない、何度となくそうした寄付をくり返しているのだ。自然を深く愛する彼の、つぎなる壮大な計画は、日本全国を回って絵を描くこと。そのおりには、ぜひ黒姫のわが家に滞在したいともいってくれた。いくら金を積もうと、これほどの友人を手に入れることなどできはしない。彼ほどの高名な芸術家が胸躍らせたのは、豪華なリゾートではなく、私の話して聞かせる日本の（デベロッパーたちがよってたかって破壊する前の）自然の姿だったのだ。ロバート・ベイツマンの描く日本はきっと、この国の人々を振り向かせ、自分たちが失おうとしているものの大きさに気づかせてくれるものと、私は信じている。

さて、ロバートの暮らしぶりはといえば、まったくうらやましいかぎり。岩場の上に建つ屋敷からは、木立を通して海が見える。家の周りはもちろん、部屋の中にまで木々が枝をのばし、窓からはシャチの戯れる姿をながめることもできる。それに加えて、彼が造ったという一連の滝や池がまた、どこから見ても自然そのものなのだ。カワウソの一家が屋敷の真下に居を定め、そのおかげで配線系統や絶縁体がすっかり荒らされてしまったときには、カワウソ一家のためにわざわざ新しい家を造ってやり、そちらへお移り願ったという。家の中には、日本をはじめ、世界中の芸術品があふれていたけれど、それを誇示するようなところは微塵もない。ロバート自身は、偉大な芸術家である前に、自然と人間とを愛するひとりの男、純粋な心をもつ愛すべき男なのだ。なんだか、彼の代理人《エージェント》みたいになってきたが、もちろん、私はただの友人にすぎない。

アファンを自然の銀行に

さて、今回のスコットランド行きの目的についても、話しておかねばなるまい。スコットランドでは、人間とシカとの関係を考えるテレビ番組の一環として、高地に棲息するシカのようすをフィルムに収めるつもりだ。あちらでは、シカが飛躍的に増大しており、その数を淘汰する必要に迫られている。天敵であるオオカミがグレートブリテン島から姿を消して以来、これはこの国の伝統でもある。シカを狩り、その数を適正に抑えることで、自然のバランスを保つためだ。

無制限にふえたシカは、やがてはみずからの環境に害を与えるようになる。最悪の場合、その害はめぐりめぐってシカ自身を餓死へと追い込むことにもなりかねない。だからこそ、人の手による淘汰が必要なのだ。そのようすを、ドキュメンタリーとして日本の人たちにも伝えたい。私自身も狩りに参加するつもりだ。日本でのライセンスは返上し、銃を置いた私だが、現役のハンターであることに変わりはない。獲物を追いつめていく過程は胸躍る瞬間でもある。しかし、生き物の生命を奪うこと自体は、けっして私の本意ではない。ただ、だれかがやらねばならないのなら、みずから進んでその責めを負おうというだけのことなのだ。

かつてイヌイットの老人が私にいった。人は重い荷をその背に負って生きる定めの者。自分が生きるために殺してきた、すべての生き物の魂を、重い十字架として背負っていかねばならないのだ、と。だが、狩猟民といわれる人々は、けっして不必要に獣を殺したりはしない。すべてのハンターは、その手にかけた生き物の魂が天に昇り、あの世で自分たちがそばへ行く日を待っている、と信じている。また、そうであってほしいと思う。縄文時代の日本人も、思いは同じだったはずだ。ただ享楽と利益を得るためだけに、罪の意識すらなく自然を破壊する現代人の姿を見たら、きっと縄文人は深い恐れの念を抱くことだろう。

私たちはウェールズのアファン・バレーへも足をのばす予定だ。そこはかつて、石炭産業のために荒廃を極めた。それが何年もの歳月を経て、ふたたび緑あふれる谷へとよみがえったのである。そのためには、惜しみない愛情と汗とを注がねばならなかったことはいうまでもないが、谷は確実に息を吹き返した。近くのマーガム・パークから逃げてきたシカも、いまでは千頭あまりの群れに育っている。

このマーガム・パークは、かつての荘園が州立公園へと生まれ変わったもので、アファン・バレーのすぐ北に位置している。貴族の領地であったために、自然の美しさが損なわれることなくいまに至ったというわけだ。一度はみずからの手で踏みにじり、破壊しつくしたアファンの森。その真っ黒な石炭くずの山を緑に変えようと人々が思い立ったとき、すぐそばにマーガム・パークという自然の宝庫があることに気づいた。アファンをよみがえらせるに充分なほどの多彩な動植物や鳥たちが、そこにはいたのである。いわば、〝自然の銀行〟だ。それこそが、私のめざすもの。わが日本のアファンもまた、黒姫の自然をとり戻すための銀行になれれば、と願っている。

しかし、日本の場合、その前にまず意識革命が必要だろう。その時が近づきつつあることを、私は感じている。つい先日も京都で、日本古代史を研究している哲学者の梅原猛先生とお会いしたおり、その問題について長々とお話ししたところだ。梅原先生のような偉大な思想家が、私の考えに多く共鳴してくださったことは、おおいなる喜びであった。スコットランドへ発つ前には、さる政府要人の方々とも非公式に会談することになっているが、その席では、この国の自然と将来についておおいに話し合うつもりだ。

生き物たちのまなざし

ところで、読者のみなさんにも、ぜひ一緒に考えてもらいたいことがある。昨年、私は北極へ渡り、ひと月をかけてカヤックでの単独行に挑んだ。旅から戻った私を迎えたイヌイットの友人は、そのとき、こういったのだ。

「おまえが無事に帰ることはわかっていたさ、動物たちが見守ってくれているんだからな」

今年、ふたたび極北の原野で友の言葉をしみじみとかみしめた私は、いつしか北極ガラスやカモメ、カモ、アビ、アザラシにカリブーといった生き物たちの視線を、痛いほど感じるようになっていた。彼らが見ていてくれるからこそ、私はここに存在しているのだ。いや、生き物たちばかりではない。山や海、川もまた、私を見つめている。今年、岩の面《おもて》にもさまざまな顔があることを、私は知った。

森を歩けば、そこにはあらゆる生物のまなざしがある。そのことに気づけば、彼らのなかに溶け込むことだってできるはずだ。あるものがそこに〝在る〟と意識することは、そのものの存在自体に深く結びついている気がしてならない。人間は、自分たちを支え、この地球でともに生きる動植物の存在に対して、どんどん無関心になっている。教育を受けた人たちは、たとえば「橅《ブナ》」という字は書けるかもしれない。しかし、そのうちの何人がブナの葉や木の実を描くことができるだろう。その幹の微妙な色合いを知っている人が、何人いるだろうか。ブナの本質を知らないあいだは、ブナの木は存在しないも同然なのだ。それなのに、いまや血の通わぬ、心をもたないものに埋もれて暮らしている人たちの、なんと多いことか。

人ではなく、自動車を中心に造られた都市。そのなかで、私たちはしだいに、生命あるものよりもそうでないものに価値を見出すようになりつつある。このままいけば、万物の内に在る霊魂への畏敬の念は薄れる一方だろう。それが結果的に、生態系そのものの衰退につながることを、私は恐れるのだ。本来、霊的世界と生物学的世界とは深く結びついたものである。いわゆる文明国家のなかでは日本人ほど、そのことをよく理解している民族もいないと、私は信じていた時期もあった。

ところが、いまや世界では凄まじいばかりに「ジャパン・バッシング」の嵐が吹き荒れている。日本がやってきた、そして、いまも行おうとしている環境破壊の数々が、ひとつ残らず国際世論の俎上《そじょう》にのせられているのだ。残念ながら、それは地球の隣人としての苦言でもなければ、忠告でもない。その背景には、じつに忌むべき人種的偏見がある。私の手元には、野生動物の専門誌である『オーデュボン』誌が掲載した記事があるのだが、最初にそれを読んだとき、私は怒りに震えたものだ。その記事は、悪意に満ちた口調で日本と日本人とを攻撃し、「ジャパン・バッシング」を正当なことだといってはばからない。これが、世界でももっとも権威のある、そして、幅広い読者を誇る雑誌のとるべき態度だろうか！

まさに、十二年前、私が懸念したとおりになった。反捕鯨団体が勝利に味をしめたらやっかいなことになるぞ、つぎからつぎへと論争の種を見つけては日本攻撃を続けるに違いない、とそのとき私はいったのだ。そのおり、目玉となるのは「マグロ」だろうともいったのだが、この点でも、私の予想は的中したことになる。現在問題となっていることを挙げれば、流し網の使用、マグロ漁、タイマイの甲羅（鼈甲《べっこう》）の利用、熱帯雨林の伐採といったところか。アメリカを筆頭として、国際世論の反日感情はかなり過熱気味だ。自分の非は棚上げにするか、さっさと忘れてしまうのが、アメリカという国のお家芸らしい。恐ろしいのは、「半面の真理」がたちどころに「絶対的真理」へとすりかわってしまうことだ。そうなったが最後、どんなに理のあるところを説こうと、耳を傾ける人間などひとりもいなくなってしまう。

日本の政府や企業、そして欲の皮のつっぱった地元関係者は、いますぐにでも環境破壊をやめるべきだ。そうでなければ、国際社会における日本の信頼は地に落ち、とり返しのつかないことになるだろう。

さて、そろそろ旅の支度にかからなくては。今度この机に向かうころには、木の葉も美しい秋色に色づきはじめていることだろう。セーターをひっぱり出し、薪ストーブをたく日も近い。

一九九一年九月

森とシカの国より

この手紙は黒姫へ戻る直前、東京で書いている。カナダの友人、フレッド、エイドリアン、デニスの三人と、午後三時三十分発の列車に乗る予定だ。昨日、私の初のアルバム発売を祝うパーティが催され、その席上、われわれはおおいに歌い、演奏を披露した。そのアルバムとはもちろん、この五月にバンクーバーまで出向いてレコーディングを行ったもの。NHKの招きで、フレッドたちは日本へやって来た。これからわれわれ一行は黒姫のわが家へと赴き、そこでライブを行う。衛星放送に二日続けて出演することは前の手紙でもお話ししたとおり。

さて、英国から帰国したのは二日前のこと。シカと人類の過去、現在、そして未来を考えるという壮大なテーマのもと、私たちはあるドキュメンタリー番組の撮影に三週間近くを費やしてスコットランドからウェールズを回ってきた。これに先立ち、すでにニュージーランドと東北でのロケも終えている。

スコットランドでは、ベテランガイドであるドナルド・ゲディスの先導のもと高地へとわけ入り、ボロボル荘園を歩き回った。スコットランド北端に近いこの土地は、二万三千エーカーという広大な面積を誇り、自然の姿をそのままに残している。天高くイヌワシが舞い、果てしなく広がる山々は先の氷河期が終わりを告げて以来、シカの楽園ともなっている。

とはいえ、今回ばかりはシカを仕留めるのにずいぶんと苦労させられた。なにしろ、ただ撃つだけではいけない。その瞬間をカメラに収めなければならないのだ。ところが、野生のアカシカに近づくのは至難の業ときている。彼らはじつに鋭い嗅覚をしており、風向きに注意しないと、一キロメートル以上離れたところでもハンターの気配を嗅ぎとってしまう。おまけに目のよさも抜群で、テレビカメラのように図体のでかい代物を見落とすはずがない。カメラがシカをとらえたときには、向こうでもカメラに気づいているというわけだ。そのうえ耳もいいとあっては打つ手がない。ヒース（ツツジ科の低木）の繁みを進む際、ナイロンなどの衣服がちょっとでも衣ずれの音を立てれば一巻の終わり。チャリンもドスンもいっさいダメ、咳や話し声などもってのほかだ。

通常、シカ狩りを楽しもうと訪れたハンターには、ドナルドのような「ストーカー・ガイド」と呼ばれる専門の案内役がつく。ガイドたちは、狙うべき雄ジカを選んでくれるうえ、いつどこへ弾を撃ち込めばいいかまで教えてくれるのだ。しかし、今回はそこへどっさりおまけがついている。カメラマンに、映像・音声の技師、その後ろからはディレクターがついてくるといったぐあいだ。いよいよシカに迫ろうという場面では、草やヒースのあいだを腹ばいで進むのがふつうだが、十キロ近いカメラを肩にかついでいたり、三脚ごと運んでいるとなれば、そううまくいくはずもない。

実際、仕留める瞬間をカメラに収めることは、文字どおり不可能だろうと考えていた。しかし、何度となく逃げられはしたものの、首尾よく二頭を仕留めることができた。シカを仕留める際、ガイドは胸を撃つよう指示を与える。狙いやすいうえ、雄ジカでもわずか数秒で絶命する確実な箇所だからだ。しかし、私はシカに苦痛を与えたくなかった。仕留めるならば一瞬のうちに、きれいに死なせてやりたい。だから、あえてガイドの指示に逆らい、脊髄を切断するように、二頭とも首を撃った。私が仕留めた雄ジカはどちらも、弾が当たった瞬間に息絶えていた。雄ジカを仕留めることは簡単ではないこと、ましてや、その瞬間をカメラに収めることは困難を極めるものであることを、どうか理解していただきたい。

さて、シカを撃ったときの気分は、ハンターとしてみごとに獲物を仕留めたことを誇らしく思う反面、やはりシカの死に胸が痛む。だが、オオカミやクーガー（ピューマの異名）などの天敵がいない地域では、人の手でシカを間引いてやることもまた絶対に必要なのだ。シカがふえるのは早い。その数が一定限度を超えた場合、彼らを待っているのは悲劇的な結末だ。餌の絶対量が不足すれば、シカたちは樹皮までも食べるようになる。その結果、木々は枯れ、地域の生態系が受けるダメージははかり知れない。そして行き着くところは、死。飢えて弱ったシカたちはつぎつぎと病にたおれ、餓死することになるのだ。事実、スコットランドでは過去に数回、こうしたことが起こっている。現在、政府では、土地の所有者に対して、一定数までシカを間引くことを義務づけるべく、新たな法律を設けることも検討中だという。

射殺されたシカの肉は無駄にされることなく、その大半はドイツに向けて輸出されている。シカ狩りそのものも、無料ではない。ハンターはまず、狩りをさせてもらうための料金とガイド料とを支払う。あとはシカを一頭仕留めるごとに、その値段が加算される仕組みだ。ここから得られる収入は、広大な敷地を維持する費用の一部ともなっている。もし、シカの間引きが土地の所有者ひとりの肩にかかっていたとしたら、ほとんどの荘園はいまごろ閉鎖され、豊かな自然もデベロッパーたちの手に切り売りされていたことだろう。

スコットランドにおけるアカシカの棲息地はまた、じつに多くの野生動物、鳥、植物の宝庫であり、生態学的にみて極めて重要な地域ともなっている。シカたちを豊かな自然のなかでのびのびと育ててやるためにも、ある程度の犠牲はやむをえない、それが現実なのだ。

貴族たちのステータスシンボル

それにしても、なんと美しく、おおらかな自然に恵まれた国だろうか！

私たち一行は、スコットランドから南ウェールズへと移り、そこでも一週間あまりをかけて撮影を行った。お目当ては、煤けた廃鉱からみごとによみがえった緑の谷「アファン・バレー」と、私の生地であるニースの町からわずか二、三マイルのところにある「マーガム・パーク」だ。

マーガム・パークは、英国屈指のファロージカの宝庫として知られる。ウェールズでもっとも古く、最大規模のファロージカの群れを有している。氷河期以前には、英国にも野生のファロージカがいたが、その後彼らは姿を消し、氷河期を生き残り、あるいは勢いを盛り返したアカシカやノロジカを残すのみとなってしまった。ファロージカをふたたびこの地にもたらしたのは、サクソン族を征服したノルマンディーの貴族である。ファロージカが荘園で好んで飼われたのは、その繊細で優美な姿が愛されたことと、肉の味がよかったことによる。

スコットランドのボロボル荘園が二万三千エーカーという広大さを誇ったのに比べると、こちらのマーガム・パークはわずか七百エーカーにすぎない。もとは石器時代の狩猟採集民が暮らしていた土地だったが、鉄器時代を迎えるころには周囲の森林はかなりの部分が伐採されていた。製鉄に必要な木炭を焼くためと、森を伐り開き、農地を開墾するためだ。

ここには、好戦的なことで知られるケルト民族、シルリア人の大きな要塞が築かれていた。この要塞を牙城として、いく度となく侵略者を退けてきた彼らも、いまから二千年前、ローマ人の前についに屈する。ローマ帝国は、スコットランド北部を除いて英国全土を征服、その支配は数百年に及んだ。ローマ人がもたらしたキリスト教はこの地に根づき、長きにわたる支配が終わりを告げたときには、すでにウェールズでも改宗が進んでいた。マーガムに建てられた修道院は、やがて学問の拠点のひとつとして重要な役割を果たすこととなる。

その後、ヘンリー八世はローマ教皇と対立、教会の土地をすべて没収し、わがものとしたほか、貴族にもわけ与えた。ウェールズにファロージカが入ってきたのはこの時期、イングランドにある貴族の荘園のひとつから連れてこられたシカを放し、七百エーカーの敷地をそっくり囲ったのがそもそもの始まりだった。

ここにはあらゆる種類の樹木が植えられ、のびのびと枝葉を繁らせてきた。このように自然に恵まれ、しかも閉鎖された敷地では、シカを間引き、適正な数に保つことがどうしても必要となる。より美しく、健康な群れを維持するために、シカの間引きが行われてきたのだ。英国の貴族や富裕階級は、壮大な屋敷の周りでシカを飼うことを誇りとし、来客をシカ狩りでもてなすことを自慢とした。そして、おいしいシカ肉をはじめ、みずからの敷地でとれる野生の食べ物を食卓に供することを無上の喜びとしてきたのである。

英国では、民家、大学、いたるところで、建物を囲むように芝生が広がっているが、あの短く刈り込まれた芝は、荘園でシカを飼っていた当時のなごりに違いない、と私は思う。現在でも、マーガム・パークでは、シカたちの活躍によって草はみごとに刈り込まれている。もちろん、除草剤や農薬の類はいっさいなしだ！　草刈り機ひとつ使われてはいない。シカを飼うことができないところでは、いつしかシカが食《は》んだ牧草地や芝生をまねて、草を短く刈るのが習わしになったというわけだ。

貴族の紋章にはシカが多く使われている。高級将校のあいだでは「オーク（樫）の葉」がステータスシンボルであったように、貴族たちにとってはシカこそが社会的地位の象徴だったのである。

オークは特別な意味をもつ木だった。造船用の木材として使われたのみならず、貴族たちの城の床材として、また屋根を支える頑丈な梁《はり》として、おおいに活躍した。このオーク材は、覚えめでたく信任厚い騎士に対し、国王からとくに贈られたもので、みずからの身と領地とを守る要となる城を築いてもよいという許しであった。だからこそ、オークの葉は威信・名声の象徴なのだ。

オークをはじめ、ブナ、クリなど、大邸宅の庭園に植えられた木々はいずれもひじょうに大きくなり、枝をいっぱいに広げるようになる。ことに、シカやウマのような動物がせっせと下草を食べてはフンを落とし、土を肥やしてくれるとなれば、その成長にもいちだんと拍車《あかし》がかかろうというもの。つまり、みごとな枝ぶりの大木が立ち並ぶ庭園はシカがいる証《あかし》となり、現在にいたるも一種のステータスシンボルとなっている。

蘇生した谷

英国を清教徒革命の嵐が席巻した当時、オリバー・クロムウェルのもとに集結した狂信者たちは荘園のシカを大量に殺害したが、チャールズ二世が王位に返り咲いたことにより、荘園はかつての姿をしだいにとり戻していく。

現在、マーガム・パークは州立公園となり、敷地内に点在する多くの史蹟や壮大な屋敷とともに、その豊かな自然は熱心なレンジャーたちの手によって守られている（屋敷は一部、火災により焼失したが、一九九一年現在、修復工事が進行中だ）。レンジャーたちは、ガイドや先生役を兼ねているほか、秋になればシカを間引くのも彼らの重要な仕事だ。過去数年にわたり間引きを行わないことがあったために、冬に入ると多くのシカが死亡するという結果を招いてしまった。きちんと間引きをするようになったいま、マーガムのファロージカの群れはかつてないほど良好な状態にあるという。

マーガムの大邸宅は、ヴィクトリア朝時代の屋敷や修道院の廃墟の跡に、鉄道と石炭産業で財を成した富豪が金にあかして建てたものだ。敷地内の樹木や、シカをはじめとする種々の野生動物の保護には血道を上げながら、その一方では周囲の山々を手ひどい荒廃に追い込んでいたという、なんとも皮肉な話である。伐採された木々は鉄道の枕木や坑道の支柱へと姿を変え、緑の谷はみにくい石炭くずの山になりはてた。

しかし、ここ数年、ウェールズは奇跡ともいうべき快挙を成し遂げた。荒廃を極めた谷間にふたたび、輝くばかりの緑をよみがえらせたのだ。以前は、日本同様、成長の早い針葉樹を植える傾向が見られたが、いまでは二十二種におよぶ多彩な木々が植林されており、そのなかにはハンノキ、カバ、オーク、クリ、ブナなどもふくまれている。かつてマーガムから逃げ出したシカは、新たな森の広がりとともにその数をふやし、鳥やネズミ、リスなどの小さな齧歯《げっし》類、イヌ、ヒツジ、さらには人々も、この地へと帰ってきた。

動物たちのフンや羽、体毛に混じってあらゆる種類の種子が散らばる。風に運ばれ芽吹く種子も数多い。それでもやはり、多彩な自然の息づく場所を確保しておくことは不可欠なのだ。小さくともいい、〝自然の銀行〟と呼べるべきものがあれば、一度は荒廃した土地にもありとあらゆる生物を呼び戻すことができるのだ。

太古からの絆

この一年、私はずっとシカをめぐるドキュメンタリー製作に携わってきた。それというのも、視聴者の方々に過去を振り返るばかりでなく、その未来をも考えていただきたかったからだ。たとえばカナダのように、オオカミやクーガーといった天敵の存在する大自然のなかで、はたしてシカは生きのびることができるだろうか。豊かな自然に恵まれた広大な敷地のなかで、人の手によって間引かれるようになったシカの行く末は？　シカ公園、動物園、シカ農場——いったい、どの環境がシカにとって最良といえるのか。

それらすべてを上手に組み合わせていく、それが答えだ。だが、ここで重要なのは、われわれ人間には、シカなどの生き物とのあいだにある太古からの絆を断ち切ることはできないということだ。彼らのおかげで、人類の歴史や生活は幾とおりにも豊かに広がったのだから。

番組をご覧になった方は、私がこの手にライフルを構え、シカを仕留める場面を目にされたはずだ。撃たれる動物への思いを胸に、身につけた技を駆使してシカを仕留めた。しかし、シカを撃つのもこれが最後だ。シカを間引かねばならないことは充分承知している。その重荷をいくらかは背負ってきたつもりだ。だが、いくら頭でわかってはいても、これ以上、胸の痛みとシカの生命を奪うことの重さをかみしめるのがつらくなった。これからは、他の人の手に、その仕事を委ねたいと思う。気高さすら漂うシカの体がくずれ落ち、目から光が消えていくのを見るのは、あまりに切ない。息絶えたとたん、愛らしい茶色の瞳は翡翠《ひすい》にも似た、青みがかった緑色に変わる。しかし、虚ろな瞳は二度と輝きをとり戻すことはないのだ。獲物を仕留める歓びと、死を悼む心――これと同じ思いを、かつて鯨捕りの詩にも綴ったことがある。イヌイットの老ハンターは私にいった。人の一生でなによりむずかしいのは、みずからが生きるために殺してきたすべての生き物の魂を、重い十字架として背負っていくことだと。

その肉を食べ、毛皮をまとって寒さをしのぎ、人間は生き永らえてきた。私自身、食べるため、あるいは身を守るために動物を殺したことがある。断末魔の苦しみから解放してやろうと、とどめをさしたこともあった。だが、いかに正当な理由があろうとも、この肩にかかる荷の重さだけは変わることがないのだ。

さて、そろそろ帰り支度にかからなければならない。ひと月ぶりの黒姫だ。あちらではNHKのスタッフが待ちかねていることだろう。行きと違い、帰りの列車は楽しい仲間が一緒だ。エイドリアンとデニスにとってはこれが初めての日本だが、フレッドをふくめて三人とも、いまではすっかり日本に惚れ込んでいる。助手の哲也君はきっと、わが家自慢のサウナを熱々にし、キーンと冷えたビールを用意して迎えてくれるに違いない。今夜はワイン片手におおいに歌おう。明日になったら、私の、私たちの森を案内するつもりだ。黒姫の友人たちにも引き合わせたい。こうして友だちの輪は広がっていく。なんともうれしいことじゃないか。

生まれ故郷のウェールズを離れるときには、この胸を悲しみがよぎった。向こうで新聞の取材を受けた際、「日本を、黒姫を終《つい》の住処《すみか》と定めながら、どうしてウェールズを愛しているなどといえるのか」と訊かれた。そのとき、私はこう答えたものだ。わが心は日本にあり、わが魂はウェールズにある、と。

昨日のパーティで、東芝ＥＭＩの石坂さんがいわれたことは、いま述べたことをうまく集約している。私の歌や音楽には、逃れることのできないケルトの血が感じられると。ケルトの文化こそが私のルーツなのだ。私はそこから逃れたいなどとは思わない。むしろケルトの精神《こころ》を誇りに思っている。しかし、なんといおうと、黒姫のわが家へ帰りついたとたん、うれしさが込み上げるに違いない。

一九九一年十月

実践にまさる技術なし

松木さんが、炭焼き小屋の前に張り出した屋根を修理していたときのことだ。小さな毛糸の塊みたいなものが転がり落ちてきた。ほかの人だったらそれがなんだかわからなかっただろうが、松木さんはひと目でそいつの正体を見破った。ヤマネだ。翌朝、それとは知らず私は、彼のお茶室で一服いただこうと、仕事中の松木さんを訪ねた。すると、

「おもしろいものを見せてあげようか」

そういって、ふたつきの壺を出してきたのだ。食べ物かな？　壺のなかをのぞいてみると、シロガネヨシの穂先がふわりと敷いてある。そこにぽっこりと埋もれるようにして、一匹のヤマネが眠っていた。ふさふさの尾を体に巻きつけ、顔をうまいぐあいに隠してい

る。小さく丸まったまま、ぐっすり眠り込んでいるヤマネはまさに〝かわいい〟の一語につきる。かつてはその愛らしい姿をあちらこちらで見ることもできたのに、いまや絶滅の危機にひんしているとは。

ひと口にヤマネといっても、その種類は多い。ヨーロッパやアフリカのサバンナ、森林地帯ではよく知られた生き物だが、おそらく日本のヤマネ（*Glirulus japonicus*）はもっとも孤立した存在だろう。それというのも、気候温暖な東アジアの本土には、ヤマネはまったくといっていいほど棲息していないからだ。

ヤマネを見たことがないという人には、イエネズミ、ノネズミの類と、リスとの中間のようなものと考えていただきたい。ネズミは尾に毛が少なく、鱗《うろこ》があるのが特徴だが、ヤマネはリスに似たふさふさの尾をもっているのだ。身が軽く、高いところへも平気で登る。炭焼き小屋の屋根の上で冬眠していたのも、木々の梢に好んで棲むのもうなずける話だ。全身を柔らかな毛でびっしりとおおわれ、体毛の色はオレンジがかった茶色から灰色まで多種多彩。目の周りの黒い縁どりは、ヤマネのいくつもの種に共通して見られる特徴である。もうひとつの特徴としては、足の指が長く柔軟で、体に対して直角に曲げることができるということ。細い枝を登る際には、この指がおおいにものをいうわけだ。草や葉を使って小さなボール状の巣を作り、そのなかに子を隠して外敵から守る知恵ももつ。種子や果実類を主食とするが、動物、植物を問わない雑食性の生き物である。

ヤマネの英語名Dormouseとは「眠るネズミ」という意味だ。早々と冬眠に入ることが広く知られているためで、ふだんの睡眠も際立って深い。日本語の「ヤマネ」という名も、こうした特徴を踏まえてのものではないだろうか。

ヤマネは眠りに入ると、がくんと体温が落ちる。しかし、これを人の手で温めてやれば、また目をさまし元気に動き出すはずだ。英国にもヨーロッパヤマネ（*Muscardinus avellanarius*）と呼ばれる、かわいいヤマネがいる。もっとも小柄な種のひとつで、オレンジがかった明るい茶色の毛がじつに美しい。日本のヤマネと異なり、低木の繁みのなかにたいへんきれいな巣を作る。なにしろスイカズラの枝しか使わないというこだわりようだ。

古代ローマ人は、これとは異なる種を珍重した。高い木の梢の、それも空《うろ》の中に好んで棲む太ったオオヤマネ（*Glis glis*）で、当時のグルメはそれをさらに特製の壺の中で太らせてから、食用にしたものだった。

さて、ヤマネのなかでいちばん有名なのはだれだろう。少なくともイギリスのお話の世界に限っていえば、『不思議の国のアリス』のなかで「いかれた帽子屋のティーパーティ」のくだりに登場する眠たがり屋ではなかろうか。松木さんが壺の中からその小さな体を抱き上げ、そっと手のひらにのせるのを見たとき、私の脳裏にはパッと、『不思議の国のアリス』の滑稽な場面がひらめいた。このヤマネ君は心地よい壺の中で、春が来るまでずっと眠りつづけることだろう。これをご縁に一家で棲みついてくれればいいと、いまから楽しみにしている。

お上のからくり

話は変わるが、先日、NHKの衛星放送で二夜連続の十二時間ライブを無事やり終えたあと、私たちはここ黒姫で盛大なパーティを開いた。遠来の客だけでなんと百三十六人。お祭り騒ぎのあいだに、四つのペンションはのべにして四百人分の宿泊費を稼いだものだ。その後まもなく、テレビのスペシャル番組の撮影が一本。「縄文時代の人と信仰」がテーマで、九二年の一月に放送するものだ。さらに、シカと森についてのスペシャル番組の収録も終了。どう控え目にいっても〝忙しい〟日々だった。しかし、黒姫に友人を迎えることは、私にとってはまたとない刺激剤であり、まして相手が詩人の宗左近さんとなればなおさらだ。今回は、わざわざ二千五百年前のものという縄文時代の杯を持参された。こいつでうまいワインを味わおうという趣向だ。

私はこれまで、縄文時代に対してつきることのない熱い思いを寄せてきた。日本の教育現場では、この時代のことをろくにとり上げもしないばかりか、日本人の腸は欧米人よりも長いとか、日本人は大昔から狩猟・採集などいっさいせずに、米だけを作ってきたといった誤った印象を、教育を受ける者に与えている。しかし、近代国家のなかでもこの日本は、もっとも古い狩猟・採集の文化を誇り、それがいまも変わらず継承されている貴重な国のひとつなのである。

この古い杯で飲むなら酒がいいか、ワインがいいか。そう訊かれた宗さんは、迷わずワインを選んだ。この地に暮らす人々にとっては、酒よりもはるかになじみの深い存在だったに違いないから、と。この世に森が生まれたころから、見回せばいたる所にヤマブドウは実っていたはずだ。米はあとから入ってきたものなのだから、当然、酒よりもワインのほうが先にきまっている——宗さんの言葉にあらためて考えさせられた。自然の恵みであるヤマブドウを酵母で発酵させて造るワインには、ビタミンやミネラルがたっぷりふくまれている。これほど自然で健康的な飲み物がほかにあるだろうか。大昔から受け継がれてきたこの豊かな味を、だれに奪う権利がある？

政府はなんの権利があって、ワインを造ってはいけないなどというのか。そこには傲慢のにおいがする。あえて法を破ろうとは思わないが、こんな法律はばかげている。そのうちには、山の恵みにまで法の手をのばし、税金をかけるといいだすかもしれない。「山菜やキノコを無断でとることまかりならん」とね。いかにもお上のいいそうなセリフじゃないか。

世間では野菜の不作による価格の高騰が騒がれているが、それに泣く庶民を尻目に、政府はたんまり儲けている。幸い、こちらでは野菜に不自由することはない。すっかり寒くなった現在でも、野沢菜の葉はみずみずしく、緑鮮やか。茎をかむ歯ごたえのよさに加え、口の中にじゅっと広がる味がたまらない。わが家では野沢菜を全部漬物にはせずに、若葉はそのままサラダに使ったり、大きな葉っぱはゆでたり炒めるなど、多彩なおいしさを楽しんでいる。キャベツやラディッシュ、ダイコンもみごとに育った。もちろん、化学肥料の類はいっさい使っていない。わが家では〝難民救済〟と称して、野菜の小包を東京の友人たちへ送っている。私は、あえて東京に住むことを選んだ友人とその家族を〝哀れな東京難民〟と呼んでいるのだ。北海道・富良野にある脚本家の倉本聰さんの私塾でも、やはり都会の知人に宛てて、手づくりの野菜を送っていると聞く。それにしても驚くのは、都会の野菜の高さだ。どこをどうすればあんな値段になるのか、私には見当もつかない。黒姫では、野菜が収穫されることもないまま朽ち果てる光景すら目にするというのに。どうやらそのあたりにからくりがありそうだ、と私はにらんでいる。

平和になったカラス

昨晩、松木さんとの話のなかで、カラスの数が話題になった。松木さんによれば、近年、カラスは確実に、しかも相当数ふえてきている。それは、人が無造作に食べ物を捨てるようになったせいだ、と松木さんはいう。昔の人間は食べ物を捨てるなどということは、絶対にしなかった。平気でものをむだにする昨今の風潮には無性に腹が立つ。その点では、私のなかにも日本人（あるいは英国人）の昔気質と通ずる部分があるのだろう。残り物を捨てることはない。もし、人が食べられないものであれば、イヌやニワトリにやればいいのだ。さもなければ堆肥にして、土に返せばいいではないか。

以前は冬になると、野尻湖の弁天島にカラスが群がり、乏しい餌を奪い合ったあげく、ついには共食いまでしたものだと、松木さんから聞かされた。いまは人間の捨てる食べ物のせいで、そうした悲劇が二度とくり返されることはないだろう。たしかに、カラスにとっては幸いというべきかもしれない。だが、このままふえつづけていけば、いずれは農作物やほかの小動物たちに、多大な害をもたらす存在になることは明らかだ。

今年五月にテムズを訪れた際、私は好物のノウサギのシチューを食べさせてくれるというパブに出かけたが、その店では「二十四羽のクロウタドリを詰めて焼いたパイ」もメニューに載せていた。ここでいう「クロウタドリ」とは、じつはミヤマガラスの若鳥のこと。英国では、高い木の梢に巣を作って群生することで知られるカラスである。私も遠い昔に一度だけ、田舎のとある老婦人のお宅でそのパイをごちそうになったことがある。じつにおいしかったのだが、それ以来カラスの肉を口にしたことはない。

英国には Eat crow pie（カラスのパイを食べる）といういい回しがある。おおよそ「みずからを卑しめる、屈辱を忍ぶ」といった意味だが、これはもともと、「カラスのパイ」を食べるのは貧しい人々に限られていたためだ。大富豪や貴族たちは、ニワトリはもちろんのこと、シチメンチョウにカモ、ガン、さらにはキジやライチョウ、タシギといった野鳥を「猟鳥」として保護し、その肉を珍味として食していたのである。

さて、食べ物のむだに話を戻すと、近ごろの日本ではそれがあたりまえになりつつあるようだ。なにも、台所から出る残飯のことだけをいっているのではない。畑では、高値を維持するためだけに、みごとに育った作物が腐るに任されている。たしか、友人の倉本聰さんもそのことについて書いていたはずだ。実際、聰さんも私も、日常茶飯のごとくそうした光景を目にしている。

いまほど忙しくなかったころには、農家へ出向いては畑に放ったままのトマトを買い込んできたものだ。味にはなんの遜色もないのに、ちょっとばかり形が悪いというだけで捨てられる運命にあったトマトたちだ。大箱をいくつも自宅にもち帰り、きれいに洗ってから刻んで火にかける。トマトには水分がたっぷり含まれているから、水はいっさい加えない。これに塩をひと振りし、コトコト二十分ほど煮込んだものを殺菌ずみの容器に移して地下室で保存する。当時は、これを三十本以上も常備していた。これさえあれば、いつでも手軽においしいスパゲッティソースを作ることができる。ひき肉とマッシュルーム、玉ネギ、ニンニクを炒め、オレガノやペッパーなど好みのスパイスで味を調えたところに、トマトベースをひと瓶加えて、十分ほど煮込む。あっというまに、ほっぺたの落ちそうなスパゲッティソースの出来上がりだ。地元のスーパーで売っている値段に比べれば、山ほど買い込んでもなおただ同然の安さだった。

今年は大雨のせいで、去年ほど野菜の出来はよくないかもしれないが、家族で食べるには充分だった。おまけに、雨のおかげで近年にないキノコの当たり年となった。自生しているものも、丸太に菌を植えつけたものも、どっさり収穫することができ、食べきれないぶんは冷凍にして保存した。私のように食欲旺盛な中年男にとっては、低カロリーのキノコはじつに健康的で、ありがたい食品なのだ。わが家の食卓には、肉よりもキノコをたっぷり使った料理が並ぶ。ときには、キノコ一色のこともあるほどだ。

もうひとつ、雨は思いがけない置きみやげを残してくれた。以前、私はぬかるむ土の水はけをよくしようと、庭に小さな池を掘った。といっても、池とは名ばかり、水たまりと呼んだほうがぴったりくるような代物だ。それが、雨のおかげで満々と水をたたえ、水深二メートルの立派な池に生まれ変わったのだ。それも、冷たくて澄んだ、とびきりの水である。松木さんはさっそく、池にドジョウを放ち、私も助手の哲也君にいってコイを放った。あれからちょうどひと月になる。数日前には二匹ほど上げて、洗いとコイこくにして食べたが、八人で皿を囲んで、全員が心ゆくまで堪能した。あんなにおいしいコイを食べたのは、生まれて初めてだ。造って三年足らずの池だが、プランクトンをはじめ淡水生物の宝庫であり、コイがのびのびと泳ぎ回れるだけの水量もある。恵まれた環境で育てば、活きがよく、味がいいのも当然というわけだ。

ぬかるんでいた土地の水はけもすっかりよくなり、池の周りにこの手で植えたニセアカシア（ハリエンジュ）はもう三メートルを超えて、昨年は花をつけるまでになった。この木を選んだのは、池の日除けとなり、ハチミツをとれることに加えて、その鋭いトゲが天然の防護壁となってくれるのを期してのことだった。いまではこの池に、カエルはもちろんイモリまでが棲みつき、ついにはノガモまでやって来た。それを知ったとき、どんなにうれしかったことか。心と手間とをかけてやれば、自然は必ず、報われて余りある喜びをもって応えてくれるものなのだ。

汚泥をまき散らせ!?

先週のこと、私たちは古木が立ち並ぶ処女林の撮影に出かけた。いまでは、こうした処女林は稀少な存在になってしまったが、その姿は感動的ですらある。松木さんと近所に住む小林さんが案内と先生役とを務めてくれた。川幅一メートルに満たない清流を、イワナが群れをなして上ってくる。その姿を目のあたりにしたときは、興奮を抑えるのがたいへんなほどだった。この時期、イワナをとることは公的に禁じられている。はるばる山のなかまで流れを上ってくるのは、産卵のためだからだ。しかし、実情はといえば、無防備に近いイワナたちは密漁者にとって格好の標的となっている。かつて、森が太古からの姿をとどめていたころには、山を歩けばそこここにイワナであふれかえる清流が流れていたはずだ。そうした川は、日本の政府にとってもかけがえのない存在となったことだろうに。私が「アファン」と名づけたささやかな森でさえ、小さいながらもイワナの姿を見ることができる。それも、私たちが小川の水をきれいにしようと骨を折った結果なのだ。

ところで、さきほどヤマブドウとワインの話をしたが、みなさんは「サルナシ（猿梨）」

の実を食べたことがあるだろうか。小さな丸い果実で、大きさは小ぶりのクルミ程度。皮は緑色でやわらかく、切ったところはキウイフルーツそっくりだ。味もキウイに似て甘酸っぱい。むしろこちらのほうがおいしいくらいだ。その古称を「シラクチヅル」というが、これは長くつるをのばすところから来ているに違いない。こちらが場所さえ心得ていれば、このあたりの森にはサルナシがどっさり実をつけている。私にいわせれば、野生の果実のなかでも味は最高だ。それなのに、この国の人たちときたら、サルナシの名前すら知らない人がほとんどだろう。その点、うちの森に遊びに来るクマは心得たもので、ちょっと油断したすきにごっそり食べられてしまった！　とはいえ、クマはどの実がおいしいかを教えてくれる。なにより、種の入ったフンを落としていくおかげで、わが家の森にはますますサルナシの木がふえるというものだ。

ここでひとつ、生物学にまつわるエピソードを披露させていただきたい。かつて南ウェールズでは、採鉱のために国土の大半が荒廃し、生態系も多大なダメージをこうむった時代があった。ところが、政府は敢然と立ち上がり、石炭くずに埋もれた廃鉱に緑をよみがえらせるという奇跡ともいうべき快挙をなし遂げたのだ。いったいどんな手を使ったのか。なんと、鉱滓《こうさい》を、下水処理場から運んできた汚泥と一緒にまき散らしたのである。もちろん、水源に影響を及ぼさない地域に限ってのことではあるが。鉱滓とはもともと、煉瓦やセメントを作る際に使われるもの。これに水を加えて「スラリー」（泥・粘土・セメントなどの粒子が液体中に分散したもの）に変えてしまおうというわけだ。いろいろな草を混ぜ合わせたものも散布された。その結果、美しい緑がよみがえったのみならず、その地域でもいちばんの収穫を誇るトマトとキュウリの一大産地となった。まさに一石二鳥とはこのことだ！

私自身、「実験的な家」を森のなかに建てたいというかねてからの懸案を実現することができた。建築に際しては、新たな下水処理装置を導入。荏原製作所の研究者の方々が、私の要望に応えて開発・設計してくれたものだ。台所といわず風呂といわず、家から出る廃水のすべてを集めて、ＢＯＤ（生物化学的酸素要求量）二〜三ｐｐｍにまで浄化する。これは、環境庁が定める基準の十倍も厳しい値である。汚泥は本来、なんらの危険もなく、むしろまたとない肥料になると聞かされた。そこで、万に一つも清流に流れ込む恐れのない場所を選んで、森のなかに汚泥をまく実験をしてみようと思い立った。その際には、石炭くずも少々混ぜてみるつもりだ。はたして、果実の種は健在だろうか。まだ発芽能力が残っているとすれば、思いがけないものが芽を吹くかもしれない！　ことによったら、あのクマたちの度胆を抜くことだってできるかもしれない。

人糞に朗報

最後にもう一度、むだについての話をしよう。今回、NHKの衛星放送に出演するため来日した友人フレッドは、ライブではベースの名演奏を披露してくれたが、本業はブリティッシュコロンビア大学で上下廃水の研究に携わる技師である。植物にとって、人糞は最高の肥料だが、ここでひとつ重大な問題が残る。万一、寄生虫やウイルスが混じっていれば、深刻な事態をも生じうるというわけだ。しかし、この難問が解決した。下水中にいる酸化バクテリアは、みずからの働きでそれ自体と媒体とを摂氏七十度にまで熱するため、他の有害菌のいっさいを死滅させてしまう。フレッドたちはこのバクテリアを抽出することに成功したのである。これは私の本題とはずれるが、胸の躍るような朗報だ。本来、日本こそ、こうした課題にとり組むべきではないか。廃水や汚泥を滅菌し、再利用する道が開ければ、わざわざ沖まで運んでいって海に投棄することもないのだ。ぜひとも、新たな技術を開発すべく惜しみない努力を注いでほしい。

こうした分野に関心をもつようになってからは、国内での研究や開発の業績も自然と耳に入ってくるようになった。もちろん、そのなかには画期的なものも少なくない。たとえば、岩崎電気ではゴルフ場に散布された農薬を地下水から分解することに成功し、また別の企業ではダイオキシンを解体させる微生物を発見、その分離に成功するなど、枚挙にいとまのないほどだ。環境問題の分野において、日本は技術的には先駆者でありながら、実践的には出遅れるという奇妙な役回りを演じている。だが、状況はしだいに好転するに違いない。私はそう信じている。

一九九一年十一月

保護と破壊のはざまで

今年のクリスマスは、雪のなかで祝うことができなかった。私が留守にしていたあいだに少しばかり雪が降ったというが、地面を見るかぎりほとんど跡形もなく溶け去り、黒姫のゲレンデも閉鎖されたままだった。

それにしても、今年もなんと多くの来客をお迎えしたことか！　林野庁長官を筆頭に、カナダ放送協会のロケチーム、友人の倉本聰さん、倉本さんと私が出演しているハムのCMの撮影スタッフの面々、オーストラリアからの友人、そして講演旅行へ発つ直前には、高名なカナダ人のアーティスト、ロバート・ベイツマンがわが家を訪れてくれた。

友人たちから「ボブ」の愛称で親しまれているベイツマンは、夫人のバージェットさんを伴い、今年十一月に来日。これを受けてカナダ大使館が主催した彼の歓迎レセプションには、高円宮殿下ご夫妻も列席された。私にも〝発起人〟のひとりとして会に出席してほしい旨の要請があったのだが、これは私が自然保護に力を注いでいることと、カナダの市民権を有していることによるものではないかと思う。というのも、ロバート・ベイツマンは、北米の自然の美しさとその窮状に光を当てた最大の功労者だからである。実際、北米の自然に対する意識を高めたという点では、いかなる個人や団体も、彼には及ぶまい。その貢献は精神面にとどまらず、自然保護のために多額の寄付をもしている。

私が彼と出会ったのは、ソルトスプリング島というカナダのバンクーバーから水上飛行機でひとっ飛びの距離にある小さな島だ。今年の夏、北極への単独行から戻った私は、バンクーバー入りした直後に彼の待つ島へと飛んだ。私たちはたちまち意気投合、じつは、レセプション出席の件も、彼じきじきのお声がかりだった。

グリーン・ファシズムの風潮

ところが、その後、妙な成り行きになってしまった。もしも私が会に出席するならば、「世界野生生物基金」（ＷＷＦ）の日本委員会が自分たちはレセプションをボイコットすると、通達してきたのだ。私はこれまで密猟者どもと闘ってもきたし、エチオピアの国立公園建設にも携わってきた。北極地方の野生生物の研究と保護のため、何年ものあいだ働きもしたし、ここ黒姫の自然を守りはぐくみたい一心から私財の大半を投じて土地を買おうとしている人間だ。それでも、WWFの方々にとっては〝忌むべき存在〟であるらしい。理由はただひとつ、私がかつて日本の捕鯨を擁護したからだ。

多くの実地調査を経たうえで、日本の捕鯨にも相応の権利を認めるべきだ、というのが私の達した結論だった。種を選び、数を抑えるならば、食用としての捕鯨をあえて禁じる必要はないと判断したからだ。なにも、クジラ全部が絶滅の危機にひんしているわけではない。膨大な数を誇る種もいれば、なかにはふえている種さえいる。ミンククジラなどはそのいい例だ。捕獲量に充分な配慮を払ってさえいれば、こうした種を絶滅の危険にさらす懸念はまずないはずだ。それ以外の種、たとえばシロナガスクジラやセミクジラ、ザトウクジラについては、捕ってもいいとはいっていない。和歌山県の太地や宮城県の鮎川のような小さな漁村にも捕鯨を続けさせるべきだとはいったが、それは増加の確認されている種に限り、しかも捕獲量は制限するという条件つきの話である。村の漁師にとって、捕鯨は先祖代々受け継がれてきた生業なのだ。彼らの生活を奪う権利がだれにあるだろう。同様の理由から、私はカナダのイヌイットたちにもアザラシを捕る権利を認めるべきだと考えている。彼らは大昔からその地に住み、アザラシの肉を食べ、その皮を売って暮らしてきたのだから。

西欧社会では、こうした立場はまず受け入れられないことも承知している。だいたい、ミンククジラとマッコウクジラの見分けもつかない連中に限って極論を唱えたがるものなのだ。それはここ日本でも同じこと。しかし、これが私自身の考え方であり、持論を曲げるつもりはない。かつて、捕鯨の町で一年を過ごしたことがある。カナダの東西両沿岸の鯨について調査を行い、捕鯨船団に同行して南氷洋へ向かったこともある。すべては、科学的なデータを入念に検討したうえでの言動だ。それでも、みながみな賛成してくれるとは、はじめから思ってはいない。

これまでにもいやがらせの電話は数知れず、なかには幼い娘をどうこうするといった脅迫めいたものまであった。〝過激派〟の目には、この私が野生生物保護の活動に仇なす裏切り者と映るのだろう。人間とシカとの関係をテーマとしたドキュメンタリーがこの十二月に放映されたが、そのなかで私は人による間引きの必要性を訴えた。天敵という歯止めを失い、ふえつづけているシカをこのままにしておけば、やがては餌を食いつくし、自分で自分の首を締めることにもなりかねないからだ。

猟師とともに暮らし、その姿を目のあたりにしながら絵を描きつづけてきたロバート・

ベイツマンは、私の真意をわかってくれた。これほど自然を愛する男もいるまいと思える彼がこういったのだ。

「ニック、なにも一から十まで意見を同じくする必要はないさ、そうだろ？」

ところがどっこい、WWFの日本委員会のほうは〝一から十まで〟を求めてくる。WWFには、かつてエチオピアでランドローバーを寄付してもらったこともある。自然保護に輝かしい業績を残している組織には違いない。だが、現状を見るかぎり、ささいな意見の食い違いをも認めない排他的な空気が、この組織を支配しているようだ。これもまた、私が〝グリーン・ファシズム〟と呼ぶ風潮の、ひとつの現れといえるだろう。本来、環境問題は極論に走ることなく、もっとフランクに論じられてしかるべきものだ。意見を述べる場を与えてもらえるならば、私にも反論の用意はある。さきの捕鯨問題でいうなら、絶滅の懸念がない種の捕獲を制限つきで認めれば、むしろ他の分野の環境問題を改善することにもなると思うのだ。アマゾンの森林破壊の元凶は、安くて脂肪の少ない牛肉をアメリカに売りつけようとする牧場主である。そのアメリカは、高くて脂肪のたっぷりついた牛肉を日本へ売り込もうと躍起になっている。そこで鯨肉が市場に出れば、こうした牛肉戦争にブレーキをかけ、ひいては森林破壊を食い止める助けにもなると思うのだが。

たしかに、セミクジラのように絶滅の危機にひんしている種があるのは事実だ。だからこそ、過去何十年間保護が続けられてきたし、今後もそうした努力は続けなくてはなるまい。だが、ミンククジラに関するかぎり、絶滅の懸念はまったくないといっていい。アザラシについても同様で、カナダのタテゴトアザラシや、英国のハイイロアザラシなどは、むしろふえているくらいだ。現在、バフィン島南部だけをとっても、イヌイットたちは食用に捕獲したアザラシの皮を、売ることもできずに年一万頭以上もただ捨てている。狂信的保護団体に煽られた一部の人たちが、毛皮の売買禁止に異を唱える人や、毛皮を着ている人には相手かまわずペンキを浴びせたり、ひどい場合は酸剤をかけたりした結果がこれだ。その一方で、カナダ東部の水産加工業界では魚の切り身から寄生虫を手作業でとり除くため、その人件費になんと年間二千万ドル以上もかけている。それというのも、宿主であるタテゴトアザラシによって寄生虫がばらまかれたおかげである。

　こういう事実ひとつをとっても、環境問題にはじつにさまざまな側面があることをおわかりいただけるだろう。そうしたなかで、ロバート・ベイツマンのような懐の深い人物と意見を交わすことは、私にとってはまさに一服の清涼剤にも等しいものなのだ。余談になるが、彼の歓迎レセプションでは、WWF日本委員会の代表の姿もお見かけした。いったい、いかなる心境の変化があったものか?

北海道で見た光景は……

さて、日本滞在中、ロバートは私の勧めに従い、南の屋久島を訪れ、案の定その美しさのとりこになった。黒姫へも招待したものの、当初はスケジュールの調整がつかずむずかしいとの返事だった。ところが、わが家で面倒をみているヤマネの話をしたとたん、飛びついてきた。この珍しい生き物に会えると聞いては黙っていられなかったのだろう。さっそく黒姫へやって来た。ヤマネをはじめ、あらゆる動物たちの足跡、わが家の森にいつも遊びに来る三頭のクマたちの置きみやげ、種類豊富な木や植物——そのひとつひとつに感嘆の声を上げるロバートの興奮ぶりには、東京行きの列車に間に合うよう森から送り出すのがたいへんなくらいだった。私にしても、彼がふたたび日本を訪れる日をいまから心待ちにしている。そのおりには今回にも増して、この国のすばらしい自然と、そこに生きる野生生物の置かれている現状とを、その目で見てほしいと願ってやまない。

前にもちょっと触れたが、私は友人の倉本聰さんとハムのコマーシャルに出演している。同じ製品のCMをもう二、三年やっていることになるが、私自身、結構楽しんでいる。倉本さんはいわずと知れた日本を代表する脚本家だが、それとは別に、北海道の富良野で私塾を開いている。そこでは生徒さんたちが、演技に戯曲の執筆にと、毎日懸命の修業を続けているとのこと。そんなこともあって、私が〝ハム役者〟の意味を説明したところ、おおいにウケてくれた。英国の演劇界において、もっとも有名かつむずかしいせりふといえば、例の「生きるべきか死ぬべきか、それが問題だ」で始まる『ハムレット』のくだりである。力量不足の者や素人が演じると、ここのせりふがいかにも陳腐になる。そこで、『ハムレット』の〝ハム〟をとって、下手な役者を〝ハム役者〟と呼ぶようになった。日本には〝大根役者〟という表現があるけれど、こちらでも英国の場合と似たような話があるのかと、前々から考えていた。いずれにせよ、さきのＣＭでは、文字どおり〝ハム役者〟の競演とあいなったわけだ。前回は、松木さんの指導を得て、わが家の炭焼き小屋を舞台に撮影が行われた。

　今年の十二月初め、私は札幌へ飛び、帯広へ向かう列車の中で「どろ亀先生」こと高橋延清先生と合流した。ふたりとも、あちらでは講演の予定が控えていた。帯広は現在、数百ヘクタールの土地に植樹を行い、新たな森を作ろうと懸命の努力を続けている。以前は乾草用の青草を栽培する畑だったとのこと。ひととおり回ってみたが、植えられた木以外の植物の乏しさに、あらためてわが身の幸運を思い知る結果となった。ここに比べれば、黒姫の森のなんと豊かなことか。わが家の森にしてもずいぶんと踏みにじられてはきたもものの、完全に息の根を断たれることは免れたらしい。その証拠に、何百種という花々や植物がいまも葉をのばしている。それにひきかえ北海道の惨状には、いつものことながら胸が痛んだ。ここで大きな戦争でもあったかと思うほどの、ひどい荒廃ぶりである。それだけに、残されたわずかな生命をたいせつに守っていかねばならない。しかし、少なくとも畑には家畜の食べられる草が育つだけましなのだ。種々の有害物質がばらまかれたとはいえ、ゴルフコースで使用される除草剤ほどではないということだ。

現在、日本のゴルフ場は、すでにオープンしているものに造成中のものを合わせると、約千八百を数える。森林が伐採され、ブルドーザーで土壌が掘り返された後には、有害な除草剤・殺虫剤がこれでもかこれでもかと散布される。いったんそうなってしまったが最後、二度とふたたび豊かな自然をとり戻すことはできないのだ。

リゾートあれどもレジャーなし

先日、ゲイヴァン・マコーマック博士の書かれた論文を拝見した（『ニュー・レフト・レビュー』一九九一年七／八月号）。そのなかで、博士は日本の将来について、「貴重な国土は今後ますます、農業ではなく、いわゆる〝リゾート〟に振り向けられることになるだろう」と書いている。農業用地五百五十万ヘクタールに対し、観光用地が七百二十五万ヘクタールを占めるというのだ！　このような不均衡を前に、日本は世界にどう申し開きをするのだろうか。司法機関がご存じかどうかはともかく、会員権がらみの汚職には目をおおうものがある。課税の対象外である会員権を隠れみのに、悪辣な不正が公然と行われているのだ。本来、健康的なアウトドア・スポーツであったはずのゴルフが、日本では不健康きわまる社会悪にすりかわってしまった。さらに悲しむべきことには、ゲレンデスキーがいままた同じ途《みち》をたどろうとしている。いまとなってみれば、クロスカントリースキーを続けていたのがせめてもの救いというべきか。

今回の帯広への旅を通じて、多くのことを考えさせられた。かたや、森の再生に真剣にとり組んでいる地域社会があるかと思えば、その一方では日本全国、相も変わらず〝リゾート開発〟に名をかりた自然破壊がくり返されている。開発といえば聞こえはいいが、そのじつ、地域経済が恩恵に浴することはほとんどない。それどころか、破綻をきたす例も少なくはないのだ。声高に観光誘致を叫んだところで、日本の平均的労働者の実情を見れば、遊んでいる暇などろくにありはしない。そこへもってきて、増税に物価上昇、土地家屋の高騰はいうに及ばずだ。これだけの悪条件が揃っては、今後、日本人がレジャーに割く時間の減ることはあっても、ふえることはまずないのではなかろうか。

千葉にある森林地帯を訪ねる機会もあった。天津小湊《あまつこみなと》の近くにある「県民の森」で、ボーイスカウトの諸君に話をしてきたのだ。最近、このあたりにはヒルが出没するとの話に驚きはしたが、森はやはり美しいものだ。とはいえ、ヒルの増加がシカの急増と関係ありと聞いては、きれいとばかりもいってはいられない。野生のサルによる穀物の被害も、地元では深刻な問題となりつつある。

これまで何度となくいってきたことだが、こうした場面にこそ、きちんと訓練を受けたレンジャー部隊の活躍が望まれるのだ。私がエチオピアで公園長をしていたとき、国立公園の周りの村々では、ヒヒの群れによる被害が多発していた。畑を荒らすうえ、家畜のなかの小さいものを殺したり、ついには畑の番をする子供たちの身にまで危険が及ぶようになった。その数四百頭を超える大群ともなれば、村中の食べ物をわずか二日たらずで食いつくしてしまう。私は密猟を監視するかたわら、悪さをしかけるヒヒにはライフルで応酬した。むごいようだが、ヒヒを追い払うにはそうするよりほかに方法がなかった。

エチオピア南部のアワシュ国立公園では、猟区監督官が付近の農民やサトウキビの大農園主たちとうまくやっていく唯一の方法は、畑を荒らす動物をみずからの手で始末し、その肉を彼らとわかち合うことなのだ。

それはウェールズでも同様で、全英屈指のファロージカの棲息地として知られるマーガム・パークでも、農家の畑に迷い込んだりハイウェイ付近に現れたシカは、事故を引き起こしかねないとして有無をいわさず射殺され、肉を売った代金はマーガムの運営資金の一助とされている。

私自身、わが家の森に遊びに来る三頭のクマたちは、どうか近所のスイートコーンを荒らしたりしていなければいいがと、そればかりを案じている。おりを見て、確かめなくてはならないが。

Vサインのルーツ

今秋に、ウェールズのマーガム・パークを訪れた際、私はレンジャーのひとりに声をかけた。広範な再植林が始まって以降のウェールズにおけるシカの伸展についてたずねるつもりが、シカの密猟者としてその名をとどろかせたロビン・フッドの時代の森林法にまでさかのぼってしまった。ノルマン人がイングランドを征服し、サクソン人を支配していた時代には、まず大弓を使いこなすことが男子たるもののたしなみだった。君主のお召しがあればいつでも戦いに馳せ参じることのできるよう、準備を整えておくことこそが、臣下の心得と考えられていたのである。当時はうっそうとした森が広がり、そこに棲むシカはすべて国王のものと定められていた。とはいえ、貧困と飢えとにあえぐ民が家族を養うため、シカに弓を射かけたとしても驚くには当たるまい。しかし、その責めは恐るべきものだった。初犯の者については、弓を引くのに欠かせない右手の人差し指と中指とを切り落とす。そして二度目には、真っ赤に焼けた鉄で密猟者の両目を焼きつぶすのである。王の気分次第では、目をつぶされたうえに縛り首にされた。

私が話をしたレンジャーは、弓の名手であり、イチイの木を使って大弓と矢を作るという伝統を受け継ぐギルドの一員でもある。その彼がおもしろい話を聞かせてくれた。ウェールズとイングランドの兵士が大弓の威力によって数に優るフランス軍の兵士を打ち破った「アジャンクールの戦い」(百年戦争)の後、フランス軍が英国軍の捕虜に対して、かつてノルマン人が密猟者にしたのと同じ仕打ちをするようになったというのだ。自軍の兵に針山よろしく矢を突き立てた敵軍の兵に対して、その右手の人差し指と中指とを切り落としたわけである。以来、英国軍の射手がその二本の指でVの字を作り、敵につきつければ、それは「自分はまだおまえに向かっていつでも弓を引けるぞ」という、傲然たる挑戦を意味したのである。

どの文化にも特有の〝侮辱〟のしぐさがある。北米では、中指一本立てて見せれば、相手に対する激しい侮蔑を表すことになる。イタリアでは、拳を固めた腕を相手に向かって振りかざすしぐさがほぼ同じ意味に当たる。英国の場合は、裏返しの〝Vサイン〟——つまり、相手に対して手の甲を向けるわけだが、それがどうして侮辱になるのが、私は長いあいだ不思議でならなかった。聞くところによれば、オーストラリアも同様だという。それをチャーチルが表に向けたとたん、Vは〝勝利〟の印となり、この日本では、どうしたはずみか〝平和〟を意味するものとなっている。

英国では現在でも、裏返しのVサインをひどい侮辱ととる人がいる。しかし、それが遠い昔の、シカの密猟者や射手に由来するものと知っている人がどれほどいるだろうか。

夕闇が迫ってきた。葉を落とした木々のあいだから、黒姫山がおぼろにかすんで見える。ストーブにそろそろ薪を足してやらなければ。松木さんが仕事の帰りに寄ってくれるかもしれない。熱いお茶を飲みながら、いろいろな話を聞けるのをいまかいまかと待ちわびている。明日は、しばらく森を散策し、わが家のアイリッシュ・セッター、モーガスと英国生まれのセッター、メガン夫婦の長期におよぶ冷戦の調停役を買って出るとしよう。日本全国を駆け回る旅は楽しいけれど、なかなか骨の折れる仕事なのだ。やはり、こうしてわが家にいるのがいちばんいい。

一九九一年十二月

黒姫の山よ……

クリスマスにはないに等しかった雪も、新年を迎えるころにはだいぶ積もった。あれだけあればスキーヤーたちも万万歳だろう。その間の来客もまた、雪に負けず劣らずの多さだった。カナダからは友人のフレッド・コーチ、ノルウェーからはチューリッドと彼女の子供がふたり、フィリピンからも数人の友人がわが家を訪れた。そして真打ちは、年来の親友であり、作家仲間でもある森瑤子さんとお嬢さんのナオミさんだ。

ふたりが帰り、ほっとひと息ついたのもつかの間、そのわずか二、三日後には、長崎に帰省していた助手の哲也君が戻って来たのを皮切りに、また新たな一団が押し寄せてきた。ジョージ・ミーガン夫妻と息子さんがオマーンから、続いてカナダからは旧友のウィルフ・ウェイクリー。彼とはいまをさかのぼる一九七五年から翌年にかけて、沖縄の海洋博でともに仕事をした。カナダが生んだ芸術家ロバート・ベイツマンの展覧会がカナダ大使館で催された際、氏を出迎えたのもわれわれふたりだった。それから、デヴィッド・サープ博士。かつて渋谷の「長沼日本語学校」で机を並べて勉強した仲だ。その博士と、なんと二十有余年ぶりに仙台で再会したのだ。そして、リチャード・ピヴィス。オーストラリア人だが、わが人生において多くの時をわかち合ったかけがえのない友のひとりだ。その後も、私のエージェントの安井誠、マネージャーの森田女史、北海道や東京からの客人、編集者、カメラマンと、来客は引きも切らず。黒姫の山のなかに暮らしていても、淋しいなどと思う暇もない。

その合間をぬって、暮れから正月にかけて本を一冊書き上げた。タイトルは『モーガス』——何年も前から温めてきた作品だ。そのつぎには、どろ亀先生の詩集の英訳という仕事も控えている。それが終わったら、今度は新しい小説にとりかからねばならない。すっかり日本人の〝仕事中毒《ワーカホリック》〟に感染したらしい。周りからも異口同音に、もう少しペースを落としてはどうかといわれる始末だ。

北極に焦がれて

今年こそは、黒姫の森で過ごす時間をもっととりたいと思う。松木さんと仕事をしながら、その知恵と技とに学ぶつもりだ。詩や小説の執筆にも励みたい。大がかりな歴史小説のための下調べも、本腰を入れてとり組まねばならない。もちろん、北極へも帰る予定だ。バフィン島を訪れ、ふたたびカヤックを駆っての単独行に挑みたいと思っている。

どうやら私は年をとればとるほど、生命の火を熱く燃やさずにはいられぬ性分のようだ。われわれケルトの男には、みずからを破滅へと駆り立てるなにかが深く植えつけられているらしい。浴びるように酒を飲み、闘いをくり返す男のなんと多いことか。私の場合、北極では酒断ちの日が続くけれど、波荒い極寒の海を行く旅はそれを補って余りある刺激を与えてくれる。カヤックが引っくり返れば最後、凍るように冷たい水にたちまち手足の自由を奪われ、ものの二、三分であの世行きだ。死と背中合わせの旅は、私を興奮の高みへと駆り立てる。

今回の北極行は、厚い氷が溶け出すころをめざすつもりだ。氷が割れ、動き出す季節はまた、多くの生物がこの地に帰ってくる時期でもあるからだ。タテゴトアザラシ、カモ、アビ、ガン、アイサ、その他大勢の渡り鳥たち。歓びの歌にあふれる、にぎやかな季節。パンナータングにいる友人の話では、海から流氷の便りの届くのが今年は例年より二週間ほど遅れたそうだ。となると、氷もいつもよりは薄いかもしれない（バフィン島では、氷の厚さは一・五〜二メートルというのが普通だ）。あのカナダ北極地方の海で、私が初めてカヤックを操れるようになったのは一九五八年のことだった。だが、何十年の時を重ねたいまもなお、彼の地へ寄せる思いはこの胸を熱く焦がすのだ。

新たに設けられたヌナブット準州は、やがてイヌイットの独立国家になるものと、私は見ている。もしも、ケベックとのあいだに引かれた形ばかりの境界線が崩れ、国家としてのカナダが体をなさなくなった場合には、ほぼ確実といってもいいだろう。二十年前には夢想だにしなかったことだが、それをいったら、いったいだれがソビエト連邦の崩壊を予期しえたというのだ？

うれしいニュース

黒姫へ戻った私は、終《つい》の住処《すみか》に定めたこの地が、じつに重要かつ意義深い規制を新たに定めたと聞いて、おおいに喜んだ。いや、誇らしかった、といってもいい。それは——

「信濃町水道水源に関する条例」というものだ。本年六月発効予定の新条例は、水質と信濃町住民の健康とのきわめて重大なつながりに目を向け、水資源を質量両面から保護しようというものだ（ちなみに、山の名も駅名も「黒姫」だが、この小さな町の正式名称は「信濃町」である。それと承知で、私もふくめて住民の多くは、この地を好んで「黒姫」と称している。以前は「柏原」と呼ばれていたが、現在、柏原は信濃町の一部に包含されている）。

この条例が定められたのは、これまで水質汚染の元凶と目されてきた行為をとり締まるためである。その最たるものは、産業廃棄物処理施設による汚染物質の投棄であり、ゴルフ場やスキー場等の悪名高きリゾート開発だ。かたや文字どおりの廃液、かたや除草剤に殺虫剤と、有害物質の垂れ流しを続けている。

今回、「水源保護区域」に指定された地域の大半は山林地区で、そのなかにはデベロッパーが狙っていた地域もふくまれている。すでに保護地域の線引きは終わっているが、今後さらに拡大されることだろう。これからは、いかなるデベロッパーといえども勝手は許されない。新たに結成された「信濃町水道事業運営委員会」の厳しい監視の目をくぐらなければならないからだ。私腹を肥やすことしか頭にない、先の見えない輩たちは、それでもこりずに強引なリゾート開発を推し進めようとするかもしれない。だが、以前のように簡単にはいかないと、思い知るはずだ。

「万歳！」いまの私にはそれしかいえない。あとはただ、現町長をはじめとする条例推進派の勇気ある方々に初志貫徹していただきたい、と祈るのみだ。片隅からではあるが、この老いた黒姫の赤鬼も応援している。

この先、スキーシーズンが短くなるに伴い、地元では雇用拡大へ向けて、新たな観光の目玉を必要とする時期が遠からず訪れるだろう。その際にはぜひとも、ガイドを仕立ててのの山歩きツアーや、ペダル式のマウンテンバイクによるツアーなどの企画を考えていただきたい。こうしたツアーなら、やり方さえ間違わないかぎり、生態系を傷つけることもない。アメリカやカナダ、そしてニュージーランドの山岳公園など、その好例だ。もちろん、かくいう赤鬼もエチオピアのシミアン山岳国立公園の開発に携わり、初代公園長を務めた身だ。当時の仕事といえば、まずは山賊や密猟者どもを捕まえること、そのつぎが森林のなかの水源を守ることだった。運営委員会の方たちが、応援だけでなく、具体的な手助けを必要とするならば、黒姫の赤鬼は喜んで馳せ参じよう。

外国人の名誉を傷つける人々

ところで、私は先ごろ、長野県警から「緊急指令センター」の一日室長に任命された——といっても、証拠となる写真がなかったら、海外の友人はもちろん、日本の友人たちですら、信じてくれない者が多かったに違いない。その命を受けたのは、一月十日の朝のこと。警察官が三名、わざわざ黒姫のわが家まで迎えに来られた。すっかりその気になった私はこのまま続けたいと願い出たのだが、その日の午後にはお役御免になってしまった。

これは偽らざるところだが、私が日本を大好きな理由のなかには、〝治安がいいこと〟も大きな位置を占めている。実際、日本の治安のよさは世界でも一、二を争うはずだ。しかもそれは、「言論の自由」が健在であることによって裏打ちされている。

一日室長として招かれた日、私は百人あまりの幹部を前に話をするよう依頼された。そこで私は、かねてからいう機会を探していたことを話したのだが、聞いていた人たちはきっとびっくりしたと思う。じつは、日本への不法入国者について、私はかなり深刻な懸念を抱いている。今後ますます、外国人が引き起こす、あるいは外国人がらみの犯罪は増加の一途をたどり、警察サイドとしてもその種の犯罪を処理するための人員、訓練、予算を当然ふやしていかなくてはならないだろう。外国人に身分証明書の携帯を義務づける法律には賛成だし、これまで同様、そうした証明書は日本政府が発行すべきだと思う。偽造パスポートなど簡単に手に入れることができるからだ。それどころか、世界のなかには国際テロを支援すべく、それと承知でパスポートを発行する、札つきの国もあるほどだ。

ひとりの誠実な、平和を愛する学者が、こともあろうにみずから籍をおく大学構内で惨殺された、あの事件を思い出してほしい。巷では、彼が『悪魔の詩』という本を翻訳したために殺されたのではないか、といわれている。もしそれが真実ならば、じつにゆゆしきことではないだろうか。こうした一部の狂信者たちによる殺人行為は、それ自体、愚劣きわまる犯罪だが、もうひとつ、重大な罪を背負っている。それは、私たちの「言論の自由」を奪う、という罪だ。今回のような事件が度重なれば、だれも思ったことを口にできなくなるだろう。私自身はクリスチャンだが、たとえだれかが神やキリスト、聖母マリアを冒瀆する言葉を口にしたとしても、すぐに暴力に訴えたりはしない。神もキリストもマリアも、それをけっしてお喜びにはならないはずだ。

日本では、ふざけて「神などくだらない」ということもできる。しかし、世界には、それよりささいなことですら死刑に処す国があるのだ。それもひとつの価値観だといえなくもないが、そのような過激な価値観が、この自由と平和の国へもち込まれることだけは断じて食い止めねばならない。しかし現実には、すでにそうした危険な思想をもった人々が日本へ流れ込んでいるかもしれないのだ。

また、不法入国者のなかには麻薬を、とくにアヘンをベースにした麻薬を所持している者も多いという噂もあるほどだ。この先、事件が起きなければいいがと、そればかりを案じている。

もちろん、日本へやって来る外国人のなかには純粋に、この国で働きたい、勉強したいと願っている者、きちんとした目的をもっている者も大勢いる。一部の不逞《ふてい》の輩——潜在的テロリスト、ポン引き、売春婦、スリ、クレジットカード詐欺師といった連中が、罪なき外国人の名誉を傷つけ、日本人と外国人との溝を広げているのだ。

たった一日行動をともにしただけでも、警察がいかにわれわれの協力を必要としているか、私にはわかりすぎるくらいわかった。警察はいま、在日外国人、日本国民双方の協力を心から求めている。私のことを〝超保守主義者〟と呼びたければ呼ぶがいい。しかし、私が見るかぎり、日本の警察官の給料は安すぎる。安い賃金で酷使に耐える彼らは、まさに正義のヒーローたちだ。

用心してかかることだ。もし日本が国連平和維持軍に参加したり、イスラエルとの国交正常化を図るようなら、日本はテロリストたちの報復を覚悟せねばなるまい。日本の過激派が使うちっぽけなロケット弾やら鉄パイプ爆弾など子供だましにすぎないと、思い知らされる結果となるだろう。

憧れの君とのひととき

さて、このあたりで楽しい話題に転じよう。よき友であり、長年の憧れの君、浜美枝さんのお宅におじゃまし、私は心底くつろいだ二日間を過ごした。箱根にある浜さんの家は、東洋と西洋、古代と現代とがみごとなまでに調和を保っている。そのバランスの妙たるや、まさに完璧。この家を造るに当たっては、とり壊される運命にあった百十二軒の古い農家に浜さんみずから足を運び、これを解体させ、各家の柱や梁《はり》、床板、襖などを建材として利用したという。

いまから十二年前、一九八〇年に黒姫を終の住処と定めて以来、私は何度となく、立派な農家がとり壊され、ときには焼き払われるのを目にしてきた。黒姫に移って来た最初の年、妻マリコと住んだ思い出深い農家も壊されて、すでにない。なんと嘆かわしく、なんともったいないことか！　大きな農家に使われている木材は、太く丈夫で独特の美しさをもっているのみならず、これを再利用することで、新しい材木を使わずにすむ。つまりは、新たに伐られるはずの木を救うことにもつながるのだ。

浜さんの家にいると、まるでわが家にいるかのようにくつろいでしまう。昔むかしの英国に見られた、木骨レンガづくりのチューダー様式の住居と、似ている点がじつに多い。それでいて、明るく温かな家はえもいわれず日本的なのだ。主である浜さん自身はといえば、かつて『007』にボンドガールとして登場し、私をふくめ多くの世の男どもを夢中にさせた方だが、年を経るごとにさらに魅力的になられるという、これまた稀有《けう》な女性である。

私たちは家について、小説について、演劇やテレビについて語り合った。残念ながら、日本のテレビドラマのレベルは悲しいほどに低く、とても海外へ紹介できるものではない。テレビがぬくぬくと現状に甘んじていれば、視聴者はどんどんビデオやレーザーディスクに奪われていくだろう。私自身、見るに値するドキュメンタリーを作るべくベストをつくすつもりだが、苦しい闘いを強いられそうだ。苦労と志とをわかち合ってくれる仲間を得たことが、なによりの救いではあるが。どうか、われわれの今後の奮闘ぶりにご注目いただきたい。

自然はかならず応えてくれる

さて、早いもので黒姫からの手紙もこれで最後となる。思うことを心のままに綴らせていただいた。時として、とりとめのないことや言葉のすぎることもあったと思うが、どうかお許し願いたい。活字を通してではあるけれど、みなさんひとりひとりに宛てた私信として、率直な自分の思いを書こうと努めた結果の勇み足である。この間、ニュージーランドや北極を訪れ、テムズ川を下り、日本全国を飛び回り、わが祖国ウェールズをも訪れた。わずか数ヵ月のあいだに、世界も私たちも多くの変化を遂げたが、これだけはけっして変わることがないだろう――それは、私が日本と日本の人たちとを愛する心、そして、わが人生の残された日々を黒姫で過ごしたいと願う心だ。

みなさんがこの手紙を目にされるころには、雪も溶け、土のなかからフキノトウが顔を出していることだろう。今年もまた、ほろ苦い春の味を私たちに届けてくれるに違いない。冬眠していたクマたちも洞穴から出てくる時分だ。私が「アファン」と名づけたささやかな森にも、三頭のお得意さんがいる。あのクマたちがいつまでも穏やかに暮らしていけることを、心から願っている。ヤマブドウやサルナシ、アケビはもちろん、私たちが丹精したハチの巣までごっそりさらっていく連中ではあるが、また懐かしい姿を見せてほしいものだ。自分たちの身近にある自然の宝物に、この国の人たちがもっともっと目を向け、忘れかけた心をとり戻してくれますように。くどいようだが、老いの繰り言とご容赦願いたい。

夕闇が迫ってきた。私はいま、東京にある私たちのマンションにいる。妻は、かたわらで作曲中である。初めてのアルバムがまもなく発売される予定だが、そこに収録される曲の大半は、黒姫の自然に触発されてできたものだ。六歳になった娘のアリシアは、ノルウェーから来ている友だちのティナと一緒に、絵本づくりに励んでいる。今夜は、友人のリチャードとビールを飲みながら、以前私がやっていたテレビ番組（「おいしい博物誌」テレビ東京）のビデオを見ることになっている。明日は病院で健康診断だ。メディアという足場の悪い砂山を相手に、急斜面を老骨に鞭打ちながら全力で駆け上ってきたのだ、多少はガタがきているに違いない。五月にはコンサートが、続く六月から八月にかけては遠征が控えている。そのためのコンディション調整もしなくては。

黒姫山の静かなたたずまいに畏敬の念を抱きながら、その足下で私は目まぐるしい日々を送っている。だが、この生活もおおむね良好。あの黒姫とて、いくたびかの変化を経てきているのだ。かつて活火山だった時代には、火を噴き上げ、灰や石をまき散らしたこともある。かつてうっそうたる処女林におおわれていた時代、その美しさを讃える者も傷つける者もなかった時代、山はクマたちのすみかだった。その森もやがて蹂躪《じゅうりん》され、略奪されて、いまその横顔にはスキー場がくっきりと傷跡を刻んでいる。それでもなお、黒姫山はそこに立ち、私たちを見つめている。つぎはなにをしでかすか、それを見届けるつもりなのかもしれない。山も、森も、川も、海や湖、そして平野も……すべてはわれわれを見守っている。こちらが前向きの姿勢を見せれば、自然は喜んでこれに応えてくれるはずだ。そして、人間がどこかへ落としてきた目的と平和の意味をもう一度、この手に返してくれるものと、私は信じている。

黒姫よ、雪と雷のお姫様よ、どうか私を見ていてほしい。私は誓う、この身を惜しまず力をつくすと——貴女の足下に骨を埋めるその日まで。

それでは、黒姫の老いた赤鬼より、最後の手紙に心をこめて——さようなら。

一九九二年一月

文庫版あとがき　四年後の黒姫通信

この手紙を書いていた頃から、ずいぶんといろいろなことがあった。まず、神戸の芦屋にある妻の実家が、さきの阪神大震災で全壊した。私がことあるごとに自慢してきた「日本の安全神話」がここ数年、容赦なく裏切られてきた。そして、我が愛する二頭のアイリッシュ・セッター——麗しの雌メガンと、その連れ合いで、私にとってもこの十五年、かけがえのない相棒だった雄のモーガスを相次いで失った。メガンは感染症で病死、モーガスは、みずから雪の中に姿を消した。彼らがいない日々は、ほんとうに淋しい。

私自身についていえば、「東洋工学専門学校」の副校長に就任した。フィールドワークをはじめ、環境関連の研究・実習を行う二年過程の学校である。今年春、第一期生が日本全国へ、そして世界各地へと巣立っていった。

遠征や研究調査の旅は、時に危険を伴うが、刺激と興奮に満ちた楽しいものだ。だが、いざそれを教えるとなると、これが何倍も難しい。何を教えられるか、何を教えるべきか、立ちはだかる「制約」の壁にごつんごつん頭をぶつけながら進んでいる現状だ。とはいえ、この経験が私に教えてくれた——若者にはチャンスを与えるだけでいい。たいていの場合はそれだけで、素晴らしい成果を見せてくれるものなのだ、と。

私はこれまでイギリスをはじめ、カナダ、オーストラリア、ニュージーランド、ケニヤ、台湾、タイなど、世界各国の国立公園を訪れてきたが、その実状を知れば知るほど、日本におけるパークレンジャーのあまりの少なさに、戸惑いやイラ立ちを隠せなかった(いちばん最近に訪ねたタイの場合、ひとつの国立公園だけで四十名のレンジャーがいた。これが日本だと、同規模の公園に一人か二人がせいぜいだ!)。

副校長に就任してもう一つ気づいたのは、日本人のある世代には、根深い偏見と狭量さがいまだ存在しているということだ(当初、副校長を依頼されたとき、引き受けはしたもののの、あまり気が進まなかった。自分自身の時間がずいぶんとられることになるだろう、と思ったからだ)。それは、人格が形成される時期、太平洋戦争のさなかに教育を受け、だが実際に戦場に赴くことのなかった世代だ。今回の学校に関わるまで、私は一度もこの手の人種に悩まされたことはなかった。私が出会った人々は、老若男女を問わずそのほとんどが、心の広いすばらしい人たちだったからだ。

まあ結局、人間、何か新しい役職を引き受ければ、なにがしかの軋轢が生じるということだろう。私はこれまで、分不相応とも思えるほど多くの役割を経験してきた。フィールドワーカー、研究員、探検家、国立公園の公園長、プロレスラー、空手家、息子、兄、夫、父親、そして作家といった具合だ。しかし、教師という決められた枠の中で、新しいことをやろうとするのがこれほど大変なことだとは、思ってもみなかった。それでも諦めずに、闘うしかないのだろう。

近年、私自身の最大の変化は、目には見えないながらも、非常に大きな意味を持つものだった。

それは、一九九五年七月十日をもって、私が日本国民になった、ということだ。国籍取得までの道のりは長く険しかったが、晴れて日本人となれたことを誇りに思っている。しかも、私の場合、細心、入念な審査を経てのことだけに、喜びもひとしおだ。日本政府が、この私を日本人――少なくとも、国民のひとりとして認めてくれたのだ。私の日本名は、カタカナで「ニコル・C・W」。日本国籍取得後、私は日本政府発行の新しいパスポートを手にさまざまな場所を訪れたが、入国審査の窓口や二、三のホテルでは、先方がハッとしてパスポートを見直したり、奇異な目で見られることもあった。

だが、どうにも解せないのが、ほかならぬ日本人の反応だった。誰かから国籍を訊《たず》ねられて、私が「日本人」だと答えると、たいていの人が笑うのだ。カナダやオーストラリア、アメリカ、ペルーと、世界には何万人という「日系人」がいるというのに、「ウェールズ系日本人」の何がおかしいというのだろう。日本の国籍を得るに当たっては、イギリスとカナダの国籍を放棄しなければならなかった。だから、現在の私にあるのは、この日本の国籍だけだ。

笑う人もいる一方では、両手を上げて歓迎してくれた人たちもいる。ことに、私より年輩の方々からはずいぶんと祝福していただいた。講演や会合で拍手が起こったときは、うれしかったものだ。

もっとも中には、どうせウソだろうと言わんばかりに、歯牙にもかけない人もいる。しかし、私は正真正銘、「ウェールズ系日本人」なのだ。私は日本に、国民としての忠誠を誓った。今の私には、成年に達したすべての日本人と同様の「権利と義務」が認められている——たとえ、この目の色を変えることはできなくとも、だ。無論、髪を黒く染めるつもりもない。どうせ放っておいても、じきに白くなる。

昭和三十七年、西暦一九六二年に初めて日本を訪れて以来、私はこの国の数々の変貌と成長とを目にしてきた。愛する祖国は再び、つらい冬の時代を迎えようとしているようだ。私も日本人のひとりとして闘っていきたいと願っていることを、皆さんに知ってほしい。この三十年、私に充実した日々を与えてくれたすばらしい日本の人たちとともに、これからの人生を歩んでいきたい。ありがとう。どうか、皆さんが幸せでありますように。

今、私の魂がいう——遂に、我が家へ帰りついたのだ、と。

一九九六年五月　黒姫にて

障害者に優しい本

本書は1992年７月、講談社より刊行の『C.W.ニコルの黒姫通信』に一部加筆したものです。

C.W.ニコルの黒姫通信《くろひめつうしん》

C.W.ニコル

1996年8月15日第1刷発行

発行者——野間佐和子
発行所——株式会社 講談社
東京都文京区音羽2-12-21 〒112-01
電話 出版部 (03) 5395-3510
販売部 (03) 5395-3626
製作部 (03) 5395-3615

Printed in Japan

講談社文庫
定価はカバーに
表示してあります

デザイン——菊地信義
製版——廣済堂印刷株式会社
印刷——信毎書籍印刷株式会社
製本——加藤製本株式会社

落丁本・乱丁本は小社書籍製作部あてにお送りください。送料は小社負担にてお取替えします。なお、この本の内容についてのお問い合わせは文庫出版部あてにお願いいたします。 (庫)

ISBN4-06-263246-2

講談社文庫刊行の辞

二十一世紀の到来を目睫に望みながら、われわれはいま、人類史上かつて例を見ない巨大な転換期をむかえようとしている。
世界も、日本も、激動の予兆に対する期待とおののきを内に蔵して、未知の時代に歩み入ろうとしている。このときにあたり、創業の人野間清治の「ナショナル・エデュケイター」への志を現代に甦らせようと意図して、われわれはここに古今の文芸作品はいうまでもなく、ひろく人文・社会・自然の諸科学から東西の名著を網羅する、新しい綜合文庫の発刊を決意した。

激動の転換期はまた断絶の時代である。われわれは戦後二十五年間の出版文化のありかたへの深い反省をこめて、この断絶の時代にあえて人間的な持続を求めようとする。いたずらに浮薄な商業主義のあだ花を追い求めることなく、長期にわたって良書に生命をあたえようとつとめるところにしか、今後の出版文化の真の繁栄はあり得ないと信じるからである。

同時にわれわれはこの綜合文庫の刊行を通じて、人文・社会・自然の諸科学が、結局人間の学にほかならないことを立証しようと願っている。かつて知識とは、「汝自身を知る」ことにつきていた。現代社会の瑣末な情報の氾濫のなかから、力強い知識の源泉を掘り起し、技術文明のただなかに、生きた人間の姿を復活させること。それこそわれわれの切なる希求である。

われわれは権威に盲従せず、俗流に媚びることなく、渾然一体となって日本の「草の根」をかたちづくる若く新しい世代の人々に、心をこめてこの新しい綜合文庫をおくり届けたい。それは知識の泉であるとともに感受性のふるさとであり、もっとも有機的に組織され、社会に開かれた万人のための大学をめざしている。大方の支援と協力を衷心より切望してやまない。

一九七一年七月

野間省一

講談社文庫最新刊

渡辺淳一
麻　　酔
麻酔のミスで眠りから醒めない妻を夜の病室で密かに愛撫してでも意識回復を計る夫の心。

菊地秀行
インフェルノ・ロード
日本を牛耳る闇の総帥鬼竜陣三郎は鉄壁のボディガードと共に敵の正体を突き止めたが…。

東野圭吾
同　級　生
死んだ高3の彼女は、俺の子を身籠っていた……。ミステリの旗手が描く長編学園推理。

大橋　歩
わたしの家
土地捜し、お金の算段、建築家とのやりとり、シンプルにこだわった家づくりの悪戦苦闘！

谷村志穂
眠らない瞳
少女「耳子」のまなざしに魅かれ翻弄される私。生命の輝きを見つめる意欲的長編小説。

薄井ゆうじ
樹の上の草魚
ペニスのことなんて、誰に相談すればいいのだろう……。吉川英治文学新人賞受賞作品。

マミ・レヴィ
マミ・レヴィのアロマテラピー
英国に〝きれい〟を求めたエステティシャンとアロマテラピーとの出会いの物語。実用も満載。

浅川　純
浮かぶ密室
地上40メートルのタワーで発見された白骨死体の謎。著者と犯人が仕掛けた驚愕の罠とは。

堀田　力
否認〈どうして言わないの〉
否認との闘いである汚職事件の実態追及を巡る法廷での攻防。元特捜検事が描く法廷小説。

石川英輔
大江戸仙界紀
江戸へ「転時」できる洋介。今回は、いな吉が熱海のホテルに来てしまったから、さあ大変！

田中芳樹
創竜伝8〈仙境のドラゴン〉
ついに竜泉郷へたどりついた竜堂四兄弟は、茉理の姉という瑤姫に会い「仙界」へ向かう。

講談社文庫　目録

橋本　治　帰って来た桃尻娘
橋本　治　無花果《いちぢく》少年《ボーイ》と瓜売小僧《うりうりぼうや》
橋本　治　無花果《いちぢく》少年《ボーイ》と桃尻娘
橋本　治　虹のヲルゴォル
橋本　治　風雅の虎の巻
橋本　治　雨の温州蜜柑姫
原田泰治　わたしの信州
原田泰治／原田武雄　泰治が歩く〈原田泰治の物語〉
林　育男　ビートルズで英語を学ぼう
原田康子　日曜日の白い雲(上)(下)
原田康子　窓辺の猫
原田康子　風の砦(上)(下)
原田康子　はなれ駒あそび駒
原　百代　武則天　全八冊
林　真理子　星に願いを
林　真理子　テネシーワルツ
林　真理子　幕はおりたのだろうか
林　真理子　女のことわざ辞典
林　真理子／山藤章二　チャンネルの5番

橋田壽賀子　女たちの百万石
羽佐間正雄　実力とは何か
早坂　暁　公園通りの猫たち
原田宗典　スメル男
原田宗典　東京見聞録
原田宗典　何者でもない
橋本克彦　欲望の迷宮〈新宿歌舞伎町〉
橋本克彦　日本鉄道物語
橋本克彦　森に訊《き》け
八柳鐵郎　すすきの有影灯
馬場啓一　愛と哀しみのライカ〈メモリアルグッズ・ストーリー19〉
羽太雄平　本多の狐〈徳川家康の秘宝〉
林　望　帰らぬ日遠い昔
平岩弓枝　おんなみち　全三冊
平岩弓枝　花嫁の日
平岩弓枝　結婚のとき
平岩弓枝　結婚の四季
平岩弓枝　わたしは椿姫
平岩弓枝　花祭

平岩弓枝　青の伝説
平岩弓枝　青の回帰(上)(下)
平岩弓枝　青の背信
平岩弓枝　はやぶさ新八御用帳(一)〈大奥の恋人〉
平岩弓枝　はやぶさ新八御用帳(二)〈江戸の海賊〉
平岩弓枝　はやぶさ新八御用帳(三)〈又右衛門の女房〉
平岩弓枝　はやぶさ新八御用帳(四)〈鬼勘の娘〉
広瀬仁紀　株価操作
広岡達朗／長嶋茂雄　勝者の組織論
樋口修吉　ジェームス山の李蘭
東野圭吾　放課後
東野圭吾　卒業〈雪月花殺人ゲーム〉
東野圭吾　学生街の殺人
東野圭吾　魔球
東野圭吾　浪花少年探偵団
東野圭吾　十字屋敷のピエロ
東野圭吾　眠りの森
東野圭吾　宿命
東野圭吾　変身

1996年6月15日現在